子育てと健康

26

シリーズ

軽度発達障害の理解と対応

家族との連携のために

中田洋二郎
（臨床心理士・立正大学教授）

大月書店

軽度発達障害の理解と対応◆目次

2 問題への具体的対応（実践篇）

●装丁・レイアウト――渡辺美知子●カバーイラスト――オノビン

はじめに

私は大学を卒業してまもなく精神薄弱児通園施設（現在の知的障害児者通所施設）で子どもの療育の仕事をはじめました。その後、厚生省の精神保健にかかわる研究所に職場が変わり、子どもの精神的な問題にかかわる研究と相談の仕事にたずさわるようになりました。そこでの相談の仕事は、不登校など思春期の子どもたちの相談でしたが、その間も一歳半健診の発達相談員として障害をもつ子どもと家族の臨床にたずさわっていました。

思春期の子どもの心の問題を研究していたときも、常に関心の中心には発達障害がありました。それは学生時代にかかわった自閉症の子どもに対する素朴な驚きからはじまり、福祉施設での障害をもつ子どもの家族との出会い、乳幼児健診の矛盾と葛藤を経験する過程で、「家族支援」とは何かという疑問が、私の関心の多くを占めてきたからだと思います。本書は、軽度発達障害についての概説書の形をとっていますが、私が抱いている問いへの現段階での回答でもあります。

この本は基本篇と実践篇に分かれています。そのどちらもこれまでの私の発達臨床の経験を基礎にしています。基本篇は、軽度発達障害をもつ子どもの保育や教育の最前線での素朴で根源的な疑問に答えることを念頭に、軽度発達障害の公式的な説明から一歩踏み込んで、現在の医療や心理臨床の現状について触れています。また、後半の実践篇は、この数年間没頭しているペアレント・トレーニングのプログラムの実践と保育園や幼稚園・学校また療育相談施設でのコンサルテーション活動の経験を基礎とした、具体的な対応策を紹介しています。行動に問題のある子どもを、いままさに担当している専門家の方は、「問題行動への具体的対応（実践篇）」から読みはじめて下さい。

基本篇では身になる理解と認識を、また実践篇では実践的な対応策を提供することに心がけました。僭越《せんえつ》ですが筆者としては、この本を通して最前線の専門家が軽度発達障害をもつ子どもの家族とともに取り組んでいける力を養って欲しいと思っています。

1

軽度発達障害とは何か

（基本篇）

心の問題と発達障害

子どもの心の問題にはどのようなものがあるでしょうか。思春期の子どもを例にとれば、不登校や家庭内暴力、また反社会的な問題として反抗や非行が思いつきます。このような精神的不適応と行動上の問題は、子ども自身の性格や態度と、子どもの対人関係や生活環境の相互に問題があって起きると考えられます。そのため治療的アプローチとしては、子どもへの心理療法とともに環境へのアプローチが必要です。反抗や非行など行動上の問題では、場合によって子どもと現在の環境との相互関係を絶ち、児童自立援助施設での生活指導や少年院での矯正教育が行われます。

では、発達障害はどうでしょうか。心の問題と対比すると、発達障害は子どもだけの問題としてとらえ、その前提でアプローチが行われます。すこし誤解を生むかもしれませんが、なぜなら、正常とされる私たちの基準から能力を測り、それが劣るときに彼らを社会的に適応しやすい方向へと発達させることが必要だと考えるからです。社会や教育のあり方は不問にされ、彼らの能力が問題とされます。そのために、医療と教育を合体させた療育アプローチが行われます。障害が重い場合には、家庭から離れて収容施設での生活が用意されています。

心の問題と発達障害、この二種類の問題は原因もその治療や問題解決のための介入方法もまるで異なるものと考えられてきました。しかし、実はこの二つの問題は互いに混ざり合っている可能性があります。それは、この発達障害をきっかけとして二次的に生じる精神的不適応や行動上の問題の存在です。具体的に言えば、アスペルガー症候群の子どもの不登校や引きこもり、あるいは注意欠陥多動性障害（ＡＤＨＤ）をもつ子どもの親や教師への反抗あるいは校内暴力や非行です。

■軽度発達障害をもつ思春期の子どもたちとの出会い

それは二〇年ほど前に偶然に起きたことでした。一九八〇年代の半ば、思春期の子どもたちの精神保健の相談を専門としていたときです。奇妙な三組の中学生の相談が続きました。不登校、家庭内暴力、非行とそれぞれの抱える問題はちがいました。それなのに、相談室で会う彼らはどこか同じ感じがするのです。ある子は妙になれなれしく、ある子はなぜここにいるのかをまったく気にしているようすがなく、またある子は彼にとっても深刻な問題のはずなのにとても陽気なのです。それぞれちがう印象をうけながらも、どの子も親に無理やり連れてこられた思春期の子ども特有の後ろ向きの感じがないのです。これまで私が相談にのってきた思春期の子どもの、暗い後ろめたさやその反動の居直りや強がり、将来をあきらめた投げやりな態度のどれもみあたらないのです。

思春期に問題を起こす子どもたちの葛藤のようすは、大人になるための心のひだを彼らが形成しはじめていることを知らせます。しかし、この年に出会った三人の中学生たちにそれを感じることができませんでした。私は迷いました。迷いながら思いつきのようにいろいろな心理検査を行いました。

どの子も知能指数は正常域でした。しかし、知能テストの中味はできることとできないことのバランスがあまりにも悪いのです。この子たちが早くから学習面での問題ももっていたのは、そのせいだとわかりました。

また生育歴を調べてみると、どの子も言葉が出るのが遅く、歩き出したら鉄砲玉のようにどこかへ行ってしまったり、何度教えてもしてはいけないことを忘れてしまうという共通のエピソードがありました。保育園や幼稚園の運動会では行進の列からはみ出してどこかへ行ってしまったり、いつまでも自分の持ち物とほかの子の持ち物の区別がつかなかったり、すべり台の順番が待てずにいつも大泣きしたりと、親や先生をこまらせるエピソードの持ち主でした。

当時の精神遅滞や自閉症などの発達障害の概念では把握できない、しかし、どこかそういう障害に近い問題をもっているのではないかと思える、いわゆるグレーゾーンの子どもたちでした。きっと今ならば軽度発達障害という表現を使うのでしょうが、当時の私は「認知能力に問題のある」子どもと表現していました。保護者にその認知能力の問題と子どもの状態の関係をどう説明してよいかこまりました。

　非行の相談に来た母親は、その子との面接に同席してもいっさい子どもに視線を向けることがなかったのを覚えています。こんなふうに無視されれば子どもの気持ちがすさむのは当然だと思いつつ母親の話を聞いてみると、幼い頃からの育てにくさにはじまって、幼稚園でも学校でも、子どもが起こす事故や乱暴で先生や他の保護者に謝り続けたいきさつがあったのです。「親として失格だ」と何度も自分を責めたと言います。

　誰が正しく誰がまちがっているのか、誰が問題をつくってしまったのか、何が親子の関係を崩してしまったのか、いつもなら解けるはずのパズルがまったく解けないのです。生まれながらの発達の問題と思春期の心の問題が、また子どもと親や教師の関係のねじれが交じり合い、あまりにも多くの色が重なり合って元が何色だったかわからなくなった絵の具のパレットのようでした。

　この年に会った中学生たちの予後は決してよいものではありません。問題が整理できず、見通しの悪い相談の進め方をしてしまったのが原因でした。それはカウンセラーである私の力不足だったのですが、それ以上に問題が複雑で慢性化していたからだと思います。

この経験から私は、問題が複雑に入り組んで解きほぐせなくなるもっと以前に、たとえば、保育園や幼稚園や学校、また学童保育の指導員等も含めて、子どもの周囲の多くの人々の協力が必要だと思いはじめました。とくに、この子らのほんのわずかな障害の特徴を見過ごさず、それがきっかけで起きる他者との関係の歪みを未然に防ぐことが大切だと思うようになりました。

つまり、この本で扱う「軽度発達障害の心の問題」とは、子どもの障害の特徴と健常な心のあり方の発達の両方を理解して介入することが大切な、「発達障害」と「心の問題」との中間領域にあるのです。

軽度発達障害という概念

すでにその言葉だけで、ＬＤ（学習障害）やＡＤＨＤ（注意欠陥多動性障害）や高機能広汎性発達障害をイメージできるほどに、軽度発達障害の概念は定着してきています。しかし、一方で軽度発達障害というひとつの障害があり、それを診断名のように誤解している人も少なくありません。また、私たちが病気や怪我の程度を軽いあるいは重いと表現することとの影響でしょうが、軽度という言葉のためにこの障害のもつ深刻さが十分に理解されていません。このような誤解をとくために、まず現在の軽度発達障害という概念を整理しなければならないでしょう。

■特殊教育から特別支援教育へ

昭和五三年（一九七八年）の「軽度心身障害児に対する学校教育の在り方（報告）」という文部省の報告がありますす。おそらく公式に軽度という表現が用いられたのはこの頃でしょう。この報告書では、重度あるいは中度の障害の子どもに盲・聾・養護学校で教育を受けさせ、残る軽度の障害のある子どもを特殊学級や通常学級で教育するとされています。

この報告書が文部省（現在の文部科学省）に提出された翌年の昭和五四年（一九七九年）四月一日から養護学校教育の義務制が施行されました。それまで「就学免除」や「就学猶予」という名目で義務教育の対象から除外されていた子どもたちへ、教育の光がやっとあたるようになった年です。私が勤めていた福祉施設からも多くの子どもたちが養護学校へと移行していきました。教育の場を奪われていた子どもたちとその家族にとって、それは華やかな想いだったでしょう。

しかし、福祉施設の職員の想いは複雑でした。福祉施設であっても、私たちは彼らが社会で生活するのに必要な事柄を懸命に教えていました。その立場からすると、養護学校教育の義務制は、単に福祉から教育の場へと彼らを囲う場所が変わっただけのようにも思えました。なぜなら、障害をもつ子どもの教育を受ける権利が実現したといっても、それは子どもが健常か障害かによって、また障害の種別や程度によって、教育上の棲み分けをするという発想だったからです。

ところが、それからほぼ二〇年後にこの考えは大きく変化しました。それが「特殊教育から特別支援教育へ」と表現される教育理念の転換です。平成一三年（二〇〇一年）一月、「二一世紀の特殊教育の在り方について〜一人一人のニーズに応じた特別な支援の在り方について〜（最終報告）」という、調査研究協力者会議の報告書が文部科学省に提出されました。その冒頭で、特殊教育から特別支援教育への転換、特別な教育的支援を必要とする児童生徒等への対応の必要性、障害種別の枠を超えた盲学校、聾学校、養護学校の再編成の必要性が述べられています。

この報告書は健常と障害の垣根をはずす統合教育を推進するための提言でもあります。その後、この答申を受けて文部科学省は先述の報告書にある「特別な教育的支援を必要とする児童生徒等」の実態調査を行いました。その結果が平成一五年（二〇〇三年）三月に「今後の特別支援教育の在り方について（最終報告）」として報告され、その中ではじめて現在の軽度発達障害の概念にあたる障害、すなわちＬＤやＡＤＨＤや高機能広汎性発達障害をもつ子どもたちのことが触れられたのです。報告書の中からその実態調査に関わる部分を抜き出してみましょう。

「LD、ADHD、高機能自閉症により学習や生活の面で特別な教育的支援を必要とする児童生徒数について、平成十四年文部科学省が実施した『通常の学級に在籍する特別な教育的支援を必要とする児童生徒に関する全国実態調査』の結果は、その調査の方法が医師等の診断を経たものでないので、直ちにこれらの障害と判断することはできないものの、約六％程度の割合で通常の学級に在籍している可能性を示している」

このように文部科学省ははじめて公式に、LD（学習障害）、ADHD（注意欠陥多動性障害）、高機能自閉症（高機能広汎性発達障害）の子どもたちが通常学級にいる可能性を報告しました。さらに、これらの障害にも個別の支援をしなくてはいけないという考え方を打ち出したのです。先の報告書では、そのことが次のように述べられています。

「特別支援教育とは、従来の特殊教育の対象の障害だけでなく、LD、ADHD、高機能自閉症を含めて障害のある児童生徒の自立や社会参加に向けて、その一人一人の教育的ニーズを把握して、その持てる力を高め、生活や学習上の困難を改善又は克服するために、適切な教育や指導を通じて必要な支援を行うものである」

ここでは障害種別や程度によって区別する教育ではなく、個々の子どもたちのニーズにあわせた、いわばオーダーメイドの教育の大切さが謳われています。そして、その中心にいるのが軽度発達障害をもつ子どもたちです。

異なる症状と特徴をもつ障害をひとまとめにして呼ぶことは乱暴なことです。しかし、特殊教育から特別支援教育への教育理念の転換を必要としている障害があるために、この三つの障害をひとつにまとめた「軽度発達障害」という概念が生まれたといえます。

■まとめ――軽度発達障害とはなにか

①軽度発達障害とは単一の障害ではなく、そのなかには種類のちがう三つの障害、ＬＤ（学習障害）、ＡＤ／ＨＤ（注意欠陥多動性障害）、高機能自閉症（高機能広汎性発達障害）が含まれる。
②それは医学的診断概念ではなく、これまであまり知られてこなかったこれらの障害をくくって表現するために用いられている通称である。
③軽度という表現とは裏腹にこれらの障害は本人や家族、また社会的にも深刻な影響を与える問題である。
④「軽度発達障害＝特別支援教育」といってもよいほど、新たな教育的理念である個々の子どもたちのニーズを大切にした教育への転換を必要とする障害である。

軽度発達障害の共通点

ひとくくりにすることで、軽度発達障害が単一の障害のように誤解されることがあります。それなのに、なぜひとくくりに軽度発達障害とするのでしょうか。そこには、これらの障害に三つの点で共通性があるからです。

■障害としての世間の認識が必要

軽度発達障害に含まれる三つの障害は、これまでの発達障害と異なり、発達の遅れや逸脱は顕著ではありません。また問題行動も障害によるものかどうかの判断が難しい事柄です。たとえば言葉が遅い、じっとしていない、友だちと遊ばないという問題があるとしても、それらは単に発達が一時的に遅いためかもしれません。その子どものもともとの性格なのか、あるいは育て方に問題があるためと考えることもできます。

以前から軽度発達障害をもつ子どもの親は「しつけがなっていない」と周囲から非難されてきました。また、幼稚園や保育園や学校の先生たちも、「子どもの扱いが下手だ」とその能力や資質を問題とされてきました。つまり、これらの障害やそれをきっかけとして生じる問題は、母親や担当の保育士や学級担任など、子どもと直接に接する人々の責任に転嫁されてきたのです。

子どもの発達の遅れや異常を自分のせいだと思い、自責の念を抱いてきた親の多くは、医師から子どもの障害を告知されるとき、大きなショックと同時に安堵感を得るといいます。それは自責の念から開放されるからでしょう。軽度発達障害をもつ子の親も、その子を担当する保育士や教師も、この安堵感を必要としています。言い換えれば、子どもの起こす問題行動が、親や教師のせいではなく障害が原因であるという世間の認識を必要としています。それが軽度発達障害というひとまとまりの概念を必要とする理由のひとつです。

■早期の発見と二次的な問題の予防が必要

もうひとつの共通点は、先述した発達障害と心の問題に関連しています。軽度発達障害に含まれる三つの障害はともに、障害そのものへの対応以上に、障害の特徴をきっかけとして起きる二次的な問題を防ぐことが大切です。周囲の人々が子どもの障害を認めずにしかり続けると、親子関係をはじめとして、諸々の対人関係を良好に形成することができません。

またそういう環境の中では子どもも自尊心をもつことが難しくなります。つまり、障害に人々が気づかずにいると親子関係も子どもの心の発達も健全な方向に向かわず、ひいては思春期に不登校や非行をはじめとするさまざまな心と行動の問題へと発展してしまうのです。軽度発達障害をもつ子どもたちは、いずれも二次的な問題の防止のために早期発見、早期介入が必要な子どもたちなのです。

■公的な支援が必要

三番目の共通点としては、この三つの障害がまだ障害福祉の傘の外にあるということです。平成一六年（二〇〇四年）一二月に、軽度発達障害を想定して発達障害支援法が成立しました。軽度発達障害の公的な支援に関するはじめての法律です。しかし、この法律は軽度発達障害の世間の認識を高め、また支援として何が必要かを啓発する役割を果たすだけで、具体的な支援に関してはまだ十分に定めてはいません。つまり支援の方向性を示すに留まっていて、軽度発達障害にはいまだに具体的な公的援助の施策がないのです。異なる三つの障害を軽度発達障害としてひとつにまとめて、これらの障害をもつ子どもや家族やそれにかかわる専門家は、この現状を訴えていかなければなりません。

■まとめ——それぞれの障害に共通すること

①健常とのちがいがあいまいで、しつけや教師の指導力の問題として誤解されてきたため、障害としての世間の認識が必要である。

②早い時期から障害を周囲が認識して、二次的に起きる問題に予防的な介入が必要である。

③現在は障害福祉の枠外にあり、障害に対する公的な具体的援助がない。そのことを訴えていく必要がある。

軽度発達障害と問題行動

ひとまとめに呼ばれる軽度発達障害には障害の特徴が異なる部分が多く、当然、現れる問題も異なります。大まかにここで各々の問題を整理しましょう。

■LD（学習障害）

この障害は学校での学習にできることとできないことのばらつきが極端に現れることを特徴とします。誰にでも得意科目と不得意科目はあるのですが、学習障害の場合はそれが極端です。たとえば九九は簡単に覚えられるのに一年生で習う画数の少ない漢字が書けない、反対に大人が読む新聞や雑誌の漢字が読めるのに、足し算や引き算の繰り上がりや繰り下がりが理解できないという学習の奇妙なつまづきが特徴です。

■ADHD（注意欠陥多動性障害）

この障害は気が散りやすい、物忘れが激しいという特徴があります。その点は直接に授業態度や学習上の問題となります。また、思いつくとじっとしていられないとか、かっとなるとその気持ちや感情を抑えられないといった特徴もあります。これは、衝動をコントロールする能力が年齢並みに発達していないためです。このような特徴は落ち着きのなさの原因となるとともに、乱暴や反抗といった周囲との葛藤の原因にもなります。

■高機能自閉症（高機能広汎性発達障害）

この障害の特徴は人との関わりの特異さと、こだわりの問題です。人への関心が薄い場合、集団遊びができないあるいは友だちができないといった問題となります。また表情や微妙な言い回しや、感情を表す声の調子やイントネーションが理解できないため、相手が嫌がることをしつこくやってその子ども怒らせたり、意地悪をされているのにそれが判らなかったり、しだいに集団の中で敬遠されたり、いじめの対象となったりします。また、こだわりの特徴が強い場合は、多くはパニックとして現れます。保育のスケジュールが変わると、機嫌が悪くなって手がつけられないほどぐずったり、暴れたりする子どもがいます。そういう子どもたちの中に、このこだわりの問題をもつ子がいます。

軽度発達障害の診断の問題

従来、発達障害を含む精神障害や精神疾患の診断方法はさまざまでした。共通の診断基準がなく、それぞれの医師の臨床経験に基づいて恣意的に診断されていた時代もあります。診断基準が異なると、医療の改善や疫学研究に大きな支障をきたします。たとえば、薬の効果を調べるにしても、診断基準が一定でなければ治療効果の調査ができません。あるいは診断基準がないと、障害の正確な発症率を調べることもできません。そこで、最近では二つの国際的な診断基準が広く用いられるようになりました。アメリカの精神医学会のＤＳＭ－Ⅳ（Diagnostic Statistic Manual＝米国精神医学会の精神疾患と障害の診断手引き）と世界保健機関（ＷＨＯ）の診断基準であるＩＣＤ－10（International Statistical Classification of Diseases and

Related Health Problems＝疾病及び関連保健問題の国際統計分類）です。

図１「発達障害の診断概念」は、アメリカの精神医学会の診断基準ＤＳＭ‐Ⅳに従って、従来の発達障害と軽度発達障害の関係を示したものです。従来の発達障害として精神遅滞と広汎性発達障害があり、軽度発達障害として学習障害、注意欠陥多動性障害、アスペルガー障害などがあります。この診断基準にはないため、高機能自閉症あるいは高機能広汎性発達障害は図には描かれていません。描かれるとしたらアスペルガー障害の周辺になります。

横軸は知的な障害の有無を表します。つまり中央から左は知的に正常で、中央から右側は知的に障害があることを示します。縦軸は人とのかかわりや情緒あるいは情動の障害の有無を表わします。中央から上は人とのかかわりや情緒に異常はなく、

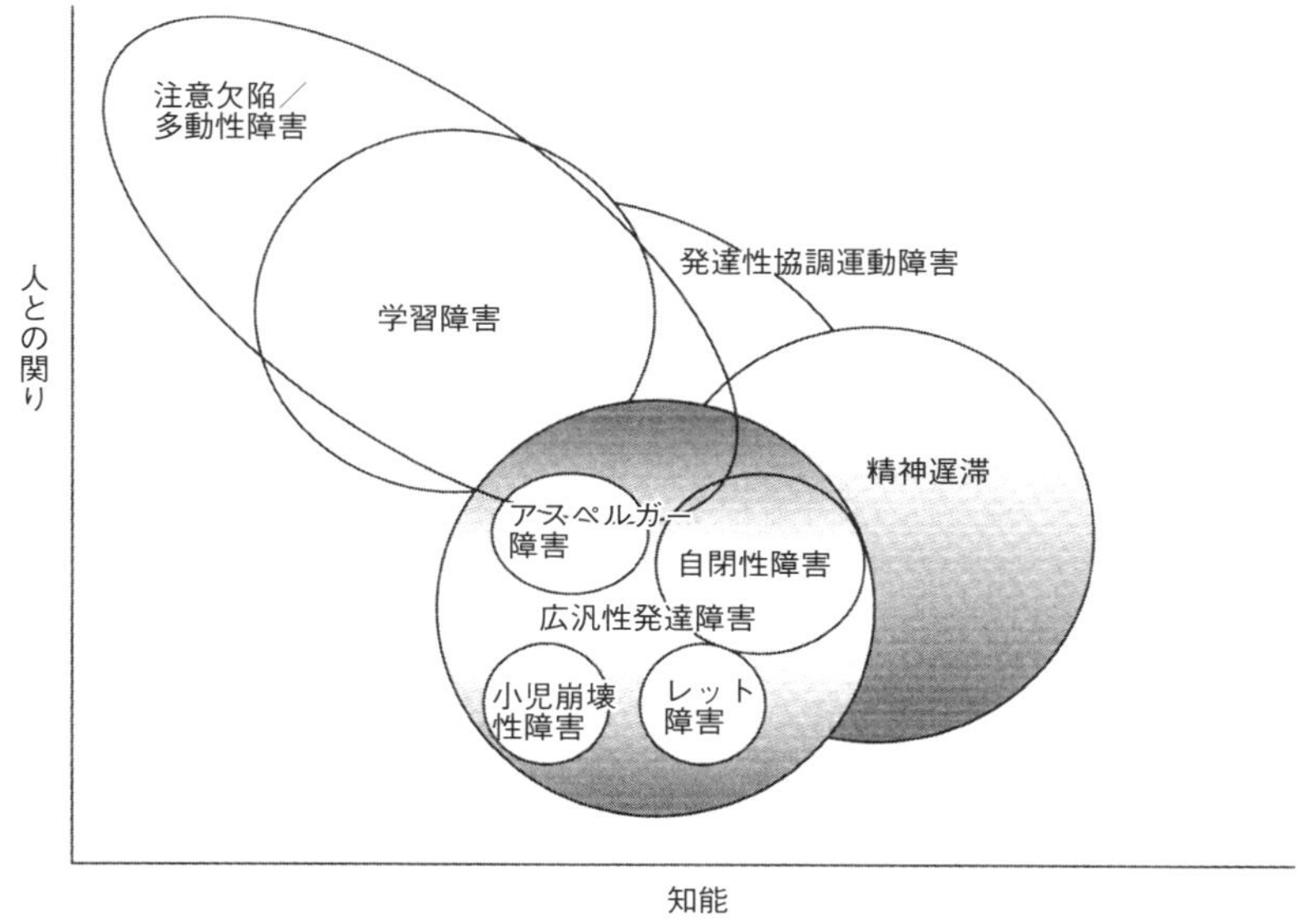

図１　発達障害の診断概念（ＤＳＭ‐（Ⅳ）による）

下は関りや情緒の問題があることを示します。

軽度発達障害は、この**図1**の左上の四分の一の部分にほぼ集まります。このことから、軽度発達障害に含まれるそれぞれの障害の特徴がおおよそ理解できると思えます。ひとつは、軽度発達障害に含まれる三つの障害はいずれも知的には正常の範囲にあることです。また、かかわりや情緒の障害については、アスペルガー障害や高機能自閉症は軽度の問題がありますが、学習障害や注意欠陥多動性障害にはないことです。

また、**図1**「発達障害の診断概念」は、それ以上にこれらの障害の特徴を示唆しています。それぞれの診断は円や楕円で囲ってありますが、その円や楕円は互いが重なり合っています。このことは診断としては異なる障害なのに、実際にはいくつかの障害が重複する場合があることや、ある障害と診断された子どもが他の障害の症状を併せもつ可能性を示しています。実は、軽度発達障害に含まれる三つの障害は、診断することも、その結果を理解することも難しい障害なのです。

■軽度発達障害と診断の齟齬《そご》

一人の子どもがいくつかの障害の症状をあわせもつことは、診断の専門家よりも教育や保育の専門家のほうが実感としてわかっていることかもしれません。実際に、保育園や幼稚園や学校といった保育と教育の現場では、次のようなことが頻繁に起きています。

たとえば、Ａ君とＢ君という軽度発達障害を疑われる二人の子どもがいるとします。先生たちからみると似たようなところがあって、同じ自閉的な傾向をもった子どもではないかと思えます。しかし、それぞれ別の医療機関で一人はＡＤＨＤと診断され、もう一人はアスペルガー障害と診断されています。また同じように自閉的な症状をもつＣ君が、Ａ君とＢ君が受診した医療機関の両方で診断を受けると、それぞれの機関でＡＤＨＤ、アスペルガー障害と異なる診断名をつけられるのです。

家族も発達障害の診断が必ずしも一定しないことを経験します。同じクリニックの同じ医師の診断であっても、幼児期にＡＤＨＤと診断された子どもが、小学校三～四年になってアスペルガー障害、あるいは高機能自閉症と診断される場合があるからです。

信じられないことかもしれませんが、症状があいまいな子どもにおいては、このような医療機関による診断の齟齬《そご》は少なからず起きています。本来は確かであるべきはずの障害の診断が、ときにはあいまいで一定しないことを家族も保育士も教師も経験的に知っています。これを誤診と受けとめる人もいるかもしれません。しかし、これは誤診というよりも、軽度発達障害の診断が症状診断であるための不可避な実態といったほうがよいでしょう。

軽度発達障害と症状診断

なぜこのような診断の齟齬や変遷《へんせん》が起きるのでしょうか。もっとも大きな理由は発達障害の診断が原因ではなく、子どもが示す症状によって診断されるからです。それは症状診断と呼ばれます。たとえば「くしゃみが出る」「喉が痛い」「頭が痛い」「身体がだるい」「熱がある」というようないくつかの症状が起きたときに、「風邪」と診断されるのがその身近な例でしょう。一方、同じ症状があっても患者さんの咽《のど》の分泌液を採取し、細菌検査によってたとえばソ連型ウイルスあるいは香港型ウイルスによる「インフルエンザ」と診断する場合もあります。これはウイルスが病気の原因ですから、原因診断と呼ばれます。

発達障害を診断する場合、「人に対して関心がない」「人と気持ちを通わせることがない」「何かひとつのことに興味がかたよっている」、あるいは「集中力がない」「じっとしていられない」「順番が待てない」といった、行動の特徴を基準として診断します。いわば「このような状態にある子どもをアスペルガー障害とする」とか「こんな状態だからＡＤＨＤである」と操作的に診断するといってよいでしょう。

もちろん、より正確さを期すために診療で用いられる診断基準は、どれくらいの期間その症状が続いているか、その症状が同年齢の一般の子どもよりも質と量の双方で顕著であるか、診断基準の項目にあてはまるものが何項目あるかというような細かな手続きがあります。それでも診断にあいまいさが残ります。診断のあいまいさが起きる要因として次のような事柄が関係しています。

①子どもの状態の不安定さ

子どもが診断を受けに来たとき、その子どもの状態がいつもと異なっている。あるいは複数の医療機関で診断を受けるとき、子どもの状態がそれぞれ異なる。そのため、診断をする専門家が得る子どもの行動特徴の情報が異なる。

②発達による状態の変化

子どもの行動は発達によって変化する。年齢によって表面に現れる症状や行動が異なる。たとえば年齢が幼いときには多動傾向が前面に出て、その背景の不注意の問題が見えない。しかし、年齢が増すにしたがって不注意や関心の偏りが見えてくる場合があり、このような事例では、ＡＤＨＤ多動衝動型からアスペルガー障害あるいは高機能自閉症へと診断が変わることがある。

③情報の偏り

親から得られる情報、あるいは保育士・教員から得られる情報に偏りがある。家庭と集団場面で子どもの状態が異なるため、また親やきょうだいと他の大人や子ども同士の関係で子どもの態度や状態が異なる。

■子どもの状態の不安定さ

以上のような要因が、軽度発達障害をもつ子どもの診断に大きな影響を与えます。一般的に、子どもはクリニックや病院を受診するときには緊張してじっとしています。軽度発達障害をもつ子どもでは、その不安で落ち着かない気持ちが反対になれなれしい態度になってしまう場合があります。

高機能広汎性発達障害と診断されたあるお子さんは、初回の面接のときに制止されるのを聞かずに受付の書類に触ったり、相談室にある本を次から次と棚から出したり、落ち着かないようすでした。二回、三回と面接を重ねると落ち着きを取り戻し、むしろ寡動《かどう》と言ってよいほど動きの少ない状態となりました。最初の印象だけで判断すれば、注意欠陥多動性障害としか見えなかったお子さんでした。

このような子どもの行動の不安定さによる要因を除くために、医師やインテーク面接を行う医療スタッフは、親や保育士や教師など、日ごろの子どものようすを知っている人々から複数の情報を取ることが望ましいと考えられます。この情報は、診断場面では見ることができない子どもの症状を教えてくれます。

しかし、厄介なことにこの情報にも偏りが生じます。障害の特徴を示す症状は、どのような場面や人間関係でも、同じように起きるとされています。しかし実際には、場所によってまた相手によって、その程度や頻度が変化します。とくに、一対一の場面では障害をもつ子どもは比較的落ち着いています。

注意欠陥多動性障害であっても、私たち臨床心理士が個別に心理テストをするときには集中できる子どもは少なくありません。また、子どもは家庭のように自分が慣れ親しんでいる場所では、もっている障害の特徴が目立たないことがあります。反対に、子ども同士の場面では予期しないさまざまなことが生じるために、問題行動を頻繁に起こす子もいます。このように、親や他の情報提供者の情報の内容がちがうことが少なからずあることも理解しておかなければなりません。

■障害に対する閾値《いきち》のちがい

また、情報提供者である親や保育園・幼稚園・学校の教師の要因で、障害か否かの判断が異なることがあります。それは子どもの症状にどれくらい敏感か、あるいは耐えられるかといった感度と耐性のちがいといえます。閾値（ある反応を起こす最小値）の個人差ともいってもいいでしょう。

〈ある担任の例〉

ＡＤＨＤをもつ小学二年生の子どもの学級へ観察に行ったときでした。子どもの行動評価について親と学級担任の意見が異なるので、そのちがいをこの目で確かめるためです。

教室はざわめいた雰囲気でした。それでも観察対象だった子どもは、わりと落ち着いて椅子に腰かけていました。しかし、その斜め後ろの子どもは黒板のほうではなく隣の席の子どものほうに身体を向けています。クラス全体がざわついた感じなのです。授業の途中からその子どもは椅子からずり落ちそうになりました。私はその子に椅子に座りなおすように促したくて、でも担任には差し出がましいことだろうと躊躇《ちゅうちょ》して、必死にそれを抑えていました。

そのときです。板書を終えて担任が振り向いたのです。しかし、教師は子どもの姿勢が崩れていることにはまったく頓着せず授業を続けました。その子は床に寝そべりはじめました。もっと早くに子どもに姿勢を正すことを促せないのだろうか、素人の私としては、率直にこの教師の指導に疑問を感じました。

この担任教師は、長く知的障害児の特殊学級に勤めて通常学級の担任に代わったばかりでした。教師よりも親のほうが障害をもつ子どもの行動評価が甘いことがよくあります。しかし、この担任の場合その反対で、親が問題とする子どもの状態は、以前に担任をしていた学級の子どもたちと比べると気になるほどのことではなかったのです。

〈ある家族の例〉

この逆もあります。家庭ではまったく問題がないという子どもの家庭のようすをくわしく聞いたときのことでした。部屋の間取りや一日の生活を聞いていくうちに、雑然とした生活のようすが見えてきました。まっすぐ歩けないほど家具やダンボールなどが並べられた廊下、リビングでは床にコンビニのお弁当の食べ残しが散乱し、その回りには親や子どもが拾ってきた猫たちのえさ箱やトイレがところ狭しと散らばっている。そういう光景です。

しかし、その話をする母親は散らかっていることを苦にするようすはないのです。話を聞いてみると、その日は三つも四つも用事が重なってコンビニ弁当で済ますしかなかったのです。母親さえ何匹いるかすぐに数えられないほど猫がいるのも、子ども親も捨て猫を見ると可哀想でほうっておけなくなるのだそうです。自分も子どもたちも優しい心の持ち主なのだと信じています。

「二歳前の子どもが、大人と同じ唐あげ弁当では食べきれずに残すのも仕方ないのでは？」「種類のちがう弁当では、上のふたりの兄妹が取り合いになった挙句に床に放り出してしまうのは予想がつくでしょう」、「捨て猫に優しいのはいいけれど限度というものがあるでしょう」と言いたくなってしまいました。それはおそらく、周囲の人々に母親が言われ続けてきたことでしょう。嫌というほど自分のだらしなさを指摘されてきたことを思うと、批難の言葉をのみこむしかなかったのです。

母親は子どもが自分に反抗するのはこまるけれども、落ち着きのなさや身の回りのことができないという学校の訴えはどうしても受け入れられないのです。私はこの日の面接で、母親の気持ちも理解できましたが、子どもの問題の評価が個人によってこれほどちがうということをあらためて知りました。

■まとめ

極端すぎる例をあげたかもしれません。今までのことをまとめましょう。

①軽度発達障害の診断は症状診断です。
②子どもの状態は場所や状況のちがいによって変化します。
③また年齢や発達によっても症状の現れ方が変化します。
④また子どもの状態に関する情報にも偏りがあります。

これらの要因によって診断が揺れてしまうことが少なからず起きます。そのことは、医師の誤診ではありません。それは、軽度発達障害自体が抱えている避けがたい根本的な問題なのです。

高機能広汎性発達障害（ＨＦ‐ＰＤＤあるいはＨＰＤＤ）

高機能広汎性発達障害、高機能自閉症、アスペルガー障害、アスペルガー症候群、これらの診断名で呼ばれる子どもたちは、同様の症状をもつほぼ一群の子どもたちと考えられます。従来自閉症と呼ばれてきた子どもたちに比べると、自閉症状の程度が軽い子どもたちです。

前述の診断基準のＤＳＭ‐Ⅳでは、アスペルガー障害の診断において、「臨床的に著しい言語の遅れがない（例えば、二歳までに単語を用い、三歳までに意思伝達的な句を用いる）」と「認知の発達、年齢に相応した自己管理能力、（対人関係以外の）適応行動、および小児期における環境への好奇心などについて臨床的に明らかな遅れがない」という規準を設けています。この基準からもわかるように、アスペルガー障害やアスペルガー症候群は、乳児期や幼児期初期にはほかの子どもと比べとくに発達に問題があるようには思えない、周囲が障害に気がつきにくい子どもたちです。

また、いずれの診断名もあいまいに用いられがちで、診断名のちがいが子どもの症状や障害を理解するのに役立つというわけでもありません。実際に複数の病院やクリニックで同じ子どもを「アスペルガー症候群」と診断することもあれば、「高機能広汎性発達障害」という診断名をつけることもあります。発達障害の専門家の間でもこれらの診断名の用い方が統一されていないのが現状です。

■高機能広汎性発達障害に関する診断名の使われ方

このような医療の状況は私たちを混乱させます。子どもとじかに接する保護者や保育士や教師としては、診断名にこだわらず、どの診断も症状や状態としてはほぼ同じような子どもに対してつけられると考えるのが現実的です。

高機能広汎性発達障害に関連する四つの診断名の使われ方を、大まかに整理すると次のようになります。

①高機能自閉症

・自閉症でかつ高機能（ＩＱ七〇以上）の症例を指す。

・古典的自閉症でかつ高機能の場合のみに用いる立場での診断名。

②高機能広汎性発達障害

・ＤＳＭやＩＣＤの広汎性発達障害の基準を満たし、知的障害がない。

③アスペルガー症候群およびアスペルガー障害

・一九八一年にＬ・ウィングが提唱した概念、ＩＣＤ－10でもアスペルガー症候群の診断名があり、それと混同しやすい。

・ＩＣＤ－10ではアスペルガー症候群、ＤＳＭ－Ⅳではアスペルガー障害という診断名が用いられる広汎性発達障害の中で独立した障害を指す。

（『高機能自閉症　アスペルガー症候群入門――正しい理解と対応のために』内山登紀夫、水野薫、吉田智子、中央法規出版、二〇〇二年を参照）

■「高機能」の意味するところ

ところで、高機能とはどういう意味でしょうか。この一群の子どもたちの障害を理解するうえで「高機能」という表現がポイントとなります。とくに大切なのは高機能という言葉から、これらの子どもたちが他の発達障害に比べて適応がよいと誤解してはいけないということです。高機能という言葉は、適応上や機能的に優秀であるという意味で使われていません。単に知能テストでＩＱが七〇～八〇以上、つまり、知能指数が知的障害と診断される基準よりも高いことを表わしています。

高機能自閉症やアスペルガー症候群の子どものなかには、ＩＱが一〇〇以上を示す子どもがたくさんいます。その子たちは、知能が低い子どもよりもうまく生活ができているかというと実はそうではありません。人とのかかわり方が一方的であったり、物事への関心が非常に狭かったりするために、集団生活とか学習面で大きな偏りが生じます。また知能指数が高いことがかえって生活を困難にしてしまうこともあります。たとえば、記憶力が非常によく過去のいじめを鮮明に覚えていて、それを忘れることができない子どもたちがいます。その子どもたちは、いつまでもいじめた子への怖れや恨みを抱き続けます。普通なら済んだこととして水に流せるのに、「二年生のとき○○にいじめられたから仕返しをした」と、五年生になってから相手が何もしてないのに急に殴るという事件を起こした例もあります。

■自閉症概念の変遷

おそらくこれらの障害をもつ子どもは、これまでは○○博士と呼ばれたり、子どもらしくない態度のために風変わりな子、あるいは頭はいいが人づきあいが苦手で協調性がない子と見られていたのでしょう。いつごろから、これらの子どもが障害と呼ばれるようになったのでしょうか。つい最近のような印象がありますが、実は自閉症の症例がはじめて報告された頃から、こういう特徴をもつ子どもの存在は気づかれていました。図2「自閉症概念の変遷」の図式は、これまでの自閉症の概念の変化を示したものです。

ずっと昔から自閉性の障害をもつ子どもは存在していたのでしょうが、知能の障害を伴うことが多いために、多くの子どもが「白痴」や「精神薄弱」という呼び方で知的障害として扱われていました。一九四三年、アメリカの児童精神科医のレオ・カナーの論文「情緒的接触の自閉的障害」が、さらに翌年の一九四四年にオーストリアのハンス・アスペルガーの論文「小児期の自閉的精神病質」が発表されました。自閉症が発見されたというと語弊があるかもしれませんが、発達障害の専門家が自閉症の存在にはじめて気づいた時期とされます。

このように偶然ではありますが、ほぼ同時期に重い自閉症状を示すカナータイプの自閉症と、現在の高機能自閉症やアスペルガー症候群と思える症状もつアスペルガータイプの自閉的性格の子どもの存在が報告されたのです。すでにおわかりのように、現在のアスペルガー症候群やアスペルガー障害の診断名は、最初の症例報告者の名にちなんでつけられています。

アスペルガーの半世紀以上前の報告が、現在の軽度発達障害の一部をなしている高機能広汎性発達障害につながっているのです。しかし、アスペルガーの論文は、ドイツ語圏の国と日本の一部の研究者以外には読まれることが少なく、カナーが報告した、「視線が合わない」、「言葉を発するが他人と話をするときはオウム返しにな

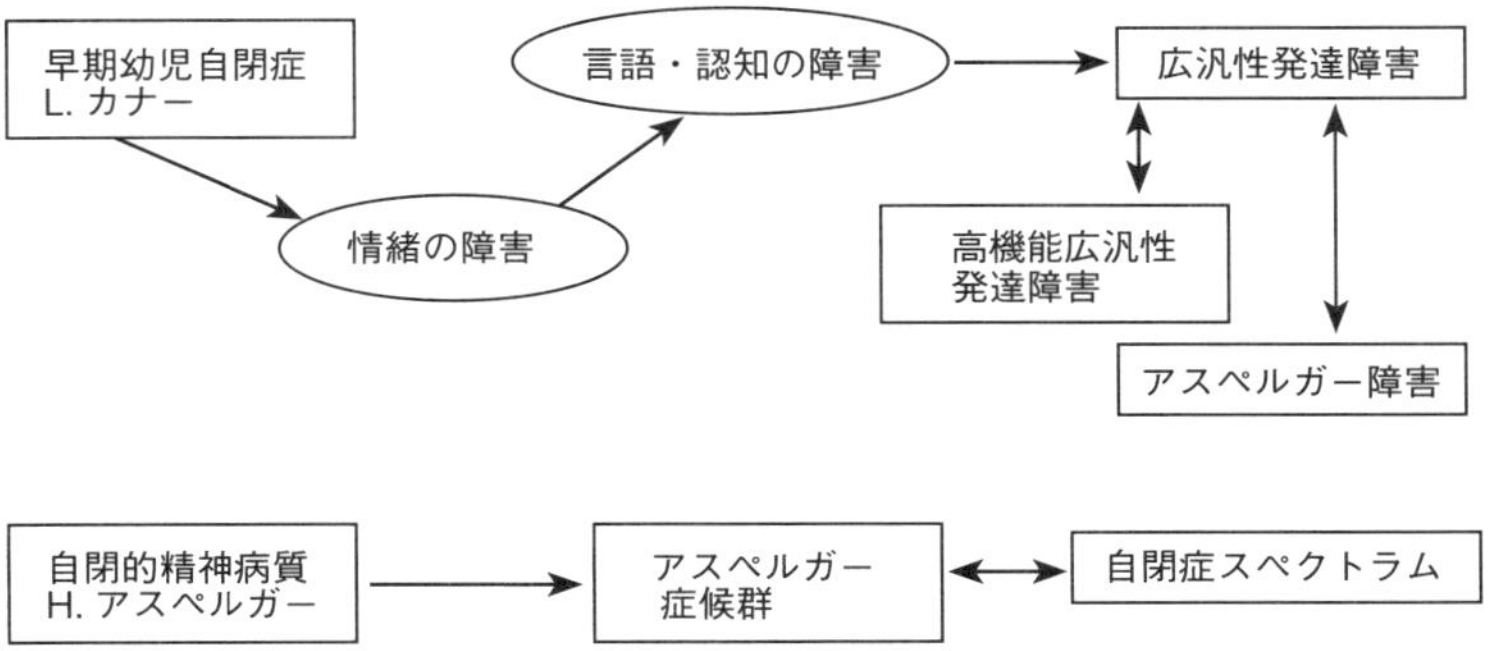

図２　自閉症概念の変遷

る」、「手のひらをひらひらさせて手を見るなど無意味な同じ行動を繰り返す」といった典型的な自閉症状をもつ子どもたちに関心が集中しました。

アスペルガーが報告した症例の存在は長く忘れ去られ、省みられない状況が続きました。それは、一九八一年に英国の児童精神科医ローナ・ウィングが英文でアスペルガーの論文を紹介し、アスペルガーの症例を再評価するまで続きます。この再評価を契機としてアスペルガー症候群の研究が進み、高機能広汎性発達障害をもつ子どもたちに急速に関心が移っていきます。とくにわが国では、一歳半健診や三歳児健診が充実しており、それが現在の高機能広汎性発達障害やアスペルガー症候群への関心を高めた要因になったといえます。

■広汎性発達障害の発症率

障害が生物学的な原因で起きる場合には、その発症率は時代や環境変化では変わらないとされます。以前から自閉症の発症率は一〇〇〇人に一～二人くらいといわれていました。生物学的な考えに従えば、その発症率は変わらないはずです。しかし、保育園や幼稚園や学校では、自閉的な子どもの数は以前にくらべて増えている印象があります。

このことに関して、「以前は流産や死産をしていた脆弱な胎児や乳児が周産期医療の進歩にともなって生存するようになったことが、自閉症のハイリスクの子どもたちの生存率を高めている」という意見があります。医療の進歩という人為的な要因が生物学的な法則を変えたという考えです。しかし、自閉性の障害が増えたと感じさせるもっとも大きな要因は、高機能を含めた広汎性発達障害の発見率が高まったせいでしょう。軽度の自閉性の障害を含めた発症率は、現在一〇〇〇人に六人とか一〇〇人に一人と報告されています。

■自閉症スペクトラム

このように広汎性発達障害の発症率が一定しないのは、診断の仕方によって障害かそうでないかの境界が変化するからでしょう。すでに述べましたが、この障害の診断が症状によって診断されるからかもしれません。自閉性の障害とは、どこからが障害でどこからがそうでないか、境界を決めるのが難しい連続した状態なのです。このような連続性の考え方を自閉症スペクトル、あるいは自閉症スペクトラムと呼びます。先述のローナ・ウィングによって提唱された概念です。

スペクトルというのは、光をプリズムにかけると波長によって虹のように色が分かれる現象を指します。自閉症スペクトラムとはこの現象になぞらえた概念です。ただし、自閉症スペクトラムの概念では分かれていくことよりも、この境目が交じり合うことが重要なポイントとなっています。

何層にも分かれて見える虹を、あるいは理科の授業でプリズムを使ってスペクトルを見る実験を行ったときのことを思い出してください。光の色層は互いに混じりあって見えます。つまり、自閉性の障害の中にはお互いに区別が難しい複数の症状群があって、それらが重なり合いながら重度から軽度へと変化し、障害から健常まで連続している。自閉症スペクトラムとは、そういうことを表しています。

■アスペルガー症候群および自閉症スペクトラムの有用性

最近、「自閉症スペクトラム」という診断名が用いられることがあります。本来は広汎性発達障害という診断名をつけていたところを、あえてこの診断名をつける意図は何でしょうか。明解な理由はわかりませんが、そう診断された子どもの状態から推測すると次のように考えられます。ひとつは自閉症と診断できない健常に近い状態をもつ子どもを示すため、もうひとつは広汎性発達障害が連続体であるがゆえに診断が年齢とともに変化しうるので広汎性発達障害とかアスペルガー障害と診断を限定することを避けるため、あるいはこの両方を意図してつけられるのだろうと考えられます。

ところで、この自閉症スペクトラムという概念を提唱したローナ・ウィングは、先述のようにアスペルガー症候群を再評価した精神科医です。ウィングは、当時の英国の自閉症の診断概念があまりにも狭く、アスペルガー症候群のような「軽い」自閉症への支援がまったくないことから、アスペルガー症候群という診断の有用性を主張しました。ウィングがこれらの障害をもつ人々の支援の必要性を強く訴えたのは、彼女自身が自閉症の娘をもつ母親であるからだと思います。つまり自閉症スペクトラムに含意されている障害と健常の連続性は、障害をもつ子どもの家族の想いが背景にあるのではないかと想像します。

■三つ組みの障害

高機能広汎性発達障害をもつ子どもの実際の姿は多様です。それは、これらの子どもたちが自閉性の障害の特徴をもつ以上に、それぞれに豊かな個性をもっているからです。そして、どこまでが障害なのか個性なのかわからないほど、両者は混じりあってその子らしさをつくっています。だから高機能広汎性発達障害とはこうであると、断定的な表現はできないのですが、ここでは先述のウィングの自閉症スペクトラムを例として、高機能広汎性発達障害の特徴を説明したいと思います。

自閉症あるいは広汎性発達障害はその程度の軽重にかかわらず、「人との相互交渉」「コミュニケーション」「想像力の発達」に欠陥や障害があると考えられます。

それは、人に関心をもち、その相手と対話し、その人の気持ちを想像できるという、社会生活を営むうえで欠かせない能力や精神機能の障害と言い換えることができます。

自閉性の障害では、このおのおのに欠陥や障害があるとともに、それらが三つ編みのように互いが絡み合って、複雑な精神機能の障害を形成していると考えられます。そこで、自閉症スペクトラムの障害を「人との相互交渉」「コミュニケーション」「想像力の発達」の三つ組みの障害と呼びます。

■人との相互交渉の障害

乳児には、生来的に人への関心を培《つちか》う能力が存在します。それは生まれた直後から働きはじめます。たとえば、新生児の唇の横を指でつつくと指の方に顔を向けて吸い付いてきます。これは口唇《こうしん》反射と呼ばれ、母親がお乳を与えるときにとても助かる反射です。

あるいは、新生児の開いた手に私たちが人差し指を当てると、そのまま新生児の身体を持ち上げられるほどにしっかりと指を握りこみます。これは把握反射です。また仰向けに寝た新生児の肩の下に手を入れて少し持ち上げると、腕と手を大きく広げて、その腕を内側に閉じ、開いた指をしっかりと握りこみます。まるで何かをつかもうとするような動作です。これはモロー反射とよばれます。小さな身体を抱きかかえたときに、思いがけないほどしっかりとした反応で生まれてまもない乳児がしがみつくのは、把握反射やモロー反射あるからです。見るからに弱々しい存在にしがみつかれた瞬間に、この子を守りたいという親としての自覚が生まれます。

三〜四カ月の乳児では、人の瞳に似た黒と白のコントラストのはっきりした同心円の図を好んで見ることがわかっています。そのおかげでしっかりと視線を合わせてくれます。またこちらが話しかけているときにはじっと聞き入り、話し終わればてを動かしながら高い鼻声を上げます。かわいらしい声で自分と会話をする乳児をあやすひとときは、親であることの喜びを感じるときです。この乳児期初期の人へ向けられた能力もさきほどの新生児反射も、親の乳児への関心を引き出し、また反対に乳児がさらに人へ関心を向けるのに役立っています。

三カ月くらいの乳児は、あやせばそれに応じて声をだしたり、微笑んだりします。六カ月になれば、母親を目で追って姿が見えなくなるとぐずったり泣いたりします。さらに九カ月ころには、大人の動作を楽しそうに真似ます。そして一歳を過ぎると、興味のある物を見つけ、指をさして大声で親に知らせます。これらは、誰からも教えられることもなくある時期に自然に出てくる行動です。しかし、それらは乳児の生来的な人への関心と、それを強める親や保育者のかかわりの相互作用によって強められるものでもあります。

自閉症スペクトラムの障害をもつ子どもは、この基本的な人への関心が欠けているか薄いのだと考えられます。そのため乳児期早期からの母親とのかかわりが薄く、対人関係の土台である母子関係の弱さから、その後の社会的な相互交渉の形成が障害されます。そして幼児期には人との独特なかかわりかたをするようになります。

■自閉症スペクトラムの対人関係のタイプ

ウィングは自閉症スペクトラムの対人関係の特徴を、次の孤立群、受動群、「積極・奇異」群、「形式ばった大仰な」群の四つに分類しています。

①**孤立群**　人にまったく関心を示さない子ども
②**受動群**　自分から人とかかわらず受身で応じる子ども
③**「積極・奇異」群**　やたらにべたべたとかかわってくる、どこかなれなれしい子ども
④**「形式ばった大仰な」群**　過度に礼儀正しく堅苦しい態度をとる青年や成人

「形式ばった大仰な」群は青年期や成人になってからのタイプなので、幼児期の人とのかかわりはそれ以外の三つのタイプがあてはまると考えられます。

自閉性の障害の根本に人への関心の欠如があることから、①と②のタイプはよくわかります。おそらく乳児期早期から母親への関心が薄く、「おとなしく育てやすかった」といわれる子どもたちでしょう。従来の重度や中度の自閉症の子どもたちのタイプです。高機能広汎性発達障害をもつ子どもたちの多くは、②の受動群と③の「積極・奇異」群に含まれます。しかし、③は自閉性障害としては理解しにくいタイプです。私自身、この子どもたちを自閉性の障害と認識できない時期がありました。

私は一九七〇年代のはじめに自閉症の臨床にたずさわりはじめました。その頃、自閉症と診断される子どもたちのほとんどが①の孤立群と思える中度から重度のお子さんでした。その後、一歳半健診で言葉の遅れを主訴とする子どもたちをフォローし、中軽度の自閉症か自閉傾向のあるお子さんと出会う機会が多くなりました。その子どもたちは視線も合い、受け答えはできるのですが、自分から視線を向けず、呼びかけに応じてやっとこちらを見ます。また、簡単な指示や質問に対しては、そっけなく単純に答えます。まさに②の受動的なタイプの子どもたちでした。

そういう重度や中軽度の自閉症状の子どもたちに多く接してきたせいだと思います。相談室ではじめて会う私に既知の人のように近づいてきて、自分の興味のあるウルトラマンの名前を教えてくれる子どもを、自閉症とはどうしても思えなかったのです。今ならその子をアスペルガー症候群としてみるでしょうが、重い自閉症の子どもの臨床からはじめた私は、その子を自閉症とみることに抵抗がありました。

それは自閉症の場合は、母子関係を形成できないと考えていた頃でした。親になつくことも難しいのに、親以外の人に愛着を示す子が自閉症の中にいるとはとても思えなかったのです。

しかし、よく考えてみると普通に発達している乳幼児にもこういう時期がります。それは八カ月の人見知りの少し前です。世話を焼いてくれるすべての大人に平等に愛想をふりまく時期です。この後、乳児と母親との関係は親密になり、子どもは他人に対して警戒心をもちはじめます。発達的にみると、③の「積極・奇異」群はきっと他者への警戒心が発達する前の段階に留まっているのかもしれません。そしてその子らの一部が状況にそぐわない、なれなれしい態度のために他人とのやりとりで失敗し、「形式ばった大仰な」群と呼ばれるパターン化した礼儀正しい堅苦しい態度をとる青年や成人になっていくのだろうと思います。

■コミュニケーションの障害

人への関心が薄いと、コミュニケーションに障害が生じるのは容易に想像できます。しかし、それだけでは自閉性の障害の子どもたちが示す独特のコミュニケーションの謎を説明することができません。例えば、オウム返しがそのひとつです。何かを欲しいときに、要求ではなく質問のイントネーションとなるのです。文字にすると「アイス、ほしいの」となりますが、発音では「アイス、ほしいの？」と親に尋ねられたままの尻上がりのイントネーションになります。このことは、自分と相手の立場のちがいによって言葉の抑揚が変化することが理解できないことを示しています。

自他の関係で使いかたが微妙に異なること、言葉が感情を伴うことは、誰が教えるわけでもなく自然に身につく感覚なのですが、自閉性の障害をもつ子どもは、その感覚が欠けているかあるいは薄いのです。このことから、自閉性の障害をもつ子どもにとって言葉は単なるサインでしかないことがわかります。

イントネーションとか話し方には問題がなくても、対話にならず、話し相手の関心の有無におかまいなく、一方的に話す子どもがいます。まるで、スイッチに触れると録音が機械的に流れる博物館の音声案内のようです。私たちは目の前にいる相手が、自分の話に関心があるか、退屈していないかを表情や相槌《あいづち》や視線のちょっとした動きで読みながら会話します。しかし、自閉性の障害をもつ子どもは表情や態度の微妙なちがいが読めません。そのため相手の気持ちや関心が理解できず、自分が話したいことを一方的に話してしまうのです。

■非言語的コミュニケーション――指さしの障害

コミュニケーションの障害は、非言語的コミュニケーションにも現れます。たとえば、指さしが出なかったり遅れたり、あるいは指さしの使い方が普通の子どもとちがったりします。指さしは通常一歳から一歳三カ月頃に出現します。これは子どもが言葉を話しはじめる直前です。言葉の出る前の子どもにとっては、とても便利な非言語的コミュニケーションの手段です。

指さしには二つの種類があります。ひとつは絵本に人さし指で触りながら、こちらが答えるのを促す接触型の指さしです。物の名称に関する言葉を蓄えていくのに役立ちます。

もうひとつは、遠くのものを指さして、そのものに気づいたときの驚きや喜びを伝える非接触型の指さしです。手の届かない物をとってほしいときにも頻発《ひんぱつ》します。まるでテレビのリモコンのような性質をもっているので、私はこれを遠隔型の指さしと呼んでいます。

この指さしは、乳児が関心をもった物を指さしながら、感情をこめた大きな声を発し、相手と物に視線を交互に配り相手が自分の指す方向をみているかどうかを確かめるという、一連の行為から成り立っています。親や保育者が乳児の指さす方向を見て、「大きなワンワンね」と同感することで、乳児は満足げに指さした手を下ろします。そのことからわかるように、遠隔型の指さしは、何かを知らせることを目的とする以上に、驚きや喜びを呼び起こした物や状況と、そのときの感情を他者と共有することを目的としています。

重い自閉性の障害をもつ子どもには、接触型の指さしが出現しません。高機能広汎性発達障害では、接触型の指さしの出現が認められる子どもがたくさんいます。しかし、遠隔型の指さしは使われる頻度が少なかったり、その出現が遅れたりします。

当たり前のことですが、子どもが遠くの物を指さして何かを知らせるとき、そこには自分の感情や意思を理解しようとする他者が存在します。そして、乳児は他者が自分の感情や意思を理解すると信じています。このような信念はごく自然に生まれるように思います。しかし、自閉性の障害をもつ子らは、他者の存在の信念や他者への信頼という感覚が欠けているか、あっても薄いのです。これまでに述べてきたことがらすべてに通じることですが、非言語的コミュニケーションである指さしの障害に表われているのは、「他者という存在そのものが理解できない」という根本的な問題が自閉性の障害の特徴の本質であるということでしょう。

■想像力の障害とこだわり

自閉性の障害の多くが乳児期に発見されにくい理由のひとつは、乳児が物を介して遊ぶときに、その操作や関心に発達の遅れや異常が認められず、親が子どもの障害に気づきにくいからでしょう。他者との関係には障害があるのに、それに比較して物との関係には障害が少ない、それは自閉性の障害のもうひとつの特徴といえます。

一歳半健診で、私は積み木とカップ、また丸や三角や四角形の型はめを使って子どもの物の操作の能力を調べます。後に広汎性発達障害と診断される子どもたちのほとんどが、積み木を上手に重ね、積み木をカップの中に入れ、丸形の積み木を丸い穴に入れることができます。どの行為も、この年齢での物の操作と物の関係の理解に遅れがないことを示しています。ただ、その行為のほとんどが目の前の物への関心から自発的に起きたもので、私の指示や促しに子どもが応じて行ったのではありません。検査者である私との関係は薄く、検査道具である物との関係は濃いのです。

また、積み木を使った見立て遊びで一歳半児の想像力の発達を調べます。たとえば、三個の積み木でトンネルやトラックの形をつくってみせます。そして、積み木のトンネルの下を小さなミニカーを通したり、積み木のトラックをブブーと言って走らせたりします。普通、子どもたちはこちらの意図をくみとってうれしそうに笑いながら、私と同じように積み木のトンネルやトラックで遊びます。しかし、自閉性の障害をもつ子どもたちは、ただそこにある積み木の形を見て、自分に与えられた三個の積み木を同じ形に積むだけです。見立て遊びの面白さを共有することはありません。

心に描いた物の姿と目で見る現実の物とには必ずギャップがあります。このギャップを埋めてくれるのが想像力です。想像力とは目に見えないものの形を思い浮かべる能力です。しかし、同時にそのイメージを思うままに変形できる柔軟性が必要です。なぜなら、トラックといってもそれは軽トラックであったりダンプであったり、最新型であったり古い形のトラックであったりさまざまです。細部の違いにこだわらず、大まかなイメージを抱ける柔軟さが求められます。この柔軟性がなければ積み木はトンネルにもトラックにも見えないはずです。この想像力の柔軟性のおかげで、互いに異なるトンネルやトラックの形を思い浮かべていても、私たちは見立て遊びやごっこ遊びを通して他者と想像の世界で豊かにかかわることができます。

自閉性の障害をもつ子どもには、一度来た道はその道順を決して忘れない、組み立て図を一瞬見ただけで複雑なプラモデルを即座に組み立てるといったエピソードをもつ子どもたちがたくさんいます。そのことから、彼らもイメージを心に描くことができることがわかります。しかし、あまりにも現実の物が忠実に脳裏に思い浮かぶために、そのイメージがかえって柔軟な想像力の邪魔をしているのでしょう。想像力を発揮して物と他者と自分とを結びつける、見立て遊びやごっこ遊びを発展させることができないのです。

自閉性障害をもつ子どもは、素晴しい視覚認知や記憶力をもちながら、柔軟に想像することが苦手なために自閉症特有の物へのこだわりの世界を形成していきます。たとえば、重い自閉症の子どもが積み木をなめたり投げたりする感覚運動遊びの段階に留まり、あるいは高機能広汎性発達障害をもつ幼児が石集めや電車の機種を覚えるのに没頭するなど、この子らの独特の物へのこだわりの世界が形成されていきます。

■高機能広汎性発達障害とごっこ遊び

自閉性の障害をもつ子どもの多くは、見立て遊びとそれに続くごっこ遊びが現れないまま成長します。ただし、高機能広汎性発達障害の場合、親や保育者から聞く幼児期のエピソードにごっこ遊びが出てくることがあります。このことは、重い自閉性の障害に比べ、この子らの想像力がそれほど障害を受けていないことを示しています。しかし、ごっこ遊びの内容を詳細に調べてみるとそれは通常のごっこ遊びと異なり、やはりこの子らの想像力の乏しさがうかがえます。

思春期に入って不登校となった中学生の相談を受けたときのことです。三年生になって「学校で疲れるから休む」といったきり休みはじめた子でした。学校では話をまったくしないために、場面緘黙《かんもく》症として扱われていました。しかし、スクールカウンセラーがアスペルガー症候群を疑って来談を勧めたお子さんです。

小さいときから甲虫類の専門的な図鑑が好きで、小学校では専門書を読むようになり、今はたくさんの甲虫類の飼育に没頭しています。この話から、スクールカウンセラーは自閉性の障害のこだわりではないかと疑ったとのことでした。家庭では友人が尋ねて来ると話ができるし、きょうだい関係もよく、まったく問題がないと母親は思っていました。しかし、高校進学を心配する母親の不安が理解できないようすに、母親もスクールカウンセラーがいう障害を疑いはじめていました。

私が本人と会って話を聞くと、甲虫のことでは質問に答えてくれます。しかし、進学のことになると何も頭にないらしく黙ってしまいます。隣で母親が不安と心配で涙ぐんでいても淡々としています。私はその子の生育歴を詳細に確認してから、発達障害を専門とするクリニックを紹介することにしました。生育史のなかに、甲虫類へのこだわり以外にもおそらく自閉性の障害の特徴があるだろうと考えたからです。

しかし、母親の話から浮かび上がる成長の過程は「男の子にしてはおとなしい」という印象だけで、とくに発達の遅れも異常もありません。四〜五歳の頃はごっこ遊びも妹としていたようすです。

私に促されて母親が持参した五歳のときのビデオには、妹とお店屋さんごっこをしているようすが写っていました。他の相談員と一緒にそのビデオを見ていたときです。その相談員が「先生、それにしてもこの子のお店屋さんは単純ですね。何度もやっているのに妹と役割も変わらないし、ただ同じように商品の名と代金の額を言っているだけですね」と言います。そう言われてやっと気がついたのですが、彼のごっこ遊びはただ自分が見た八百屋の場面をありのままに再現しているだけなのです。発展しないごっこ遊びには、確かに自閉性の障害の特徴である想像力の乏しさの兆候が現れていました。

このことを経験してから、私は高機能広汎性発達障害を疑う幼児の相談で、この子らのごっこ遊びのようすをくわしく聞くようになりました。「ごっこ遊びをしますか?」というと、親や保育士は「します。おねえちゃんたちとおままごとをしてます」と答えます。しかし、その子らの役割は受動的な立場で、たとえば赤ちゃん役とか病気になった子どもの役です。ただ「〇〇ちゃんは、ここに寝てじっとしてるのよ」という、他の子どもの指示に従っていればすむ役なのです。

ごっこ遊びをしているように見えるけれども、ほかの子どもたちが共有している豊かなイメージの世界には参加せず、ただ消極的あるいは受動的にその場にいるのです。このようなことから、重い自閉性の障害をもつ子どもほどではないにしても、高機能広汎性発達障害をもつ子どもの想像力もやはり乏しいものであることがわかります。

注意欠陥多動性障害（ＡＤＨＤ）

この障害の発症率は三～五％だといわれます。この確率だと、この障害をもつ子どもが三〇人学級に一人いる計算になります。ケースのことや研修で学校を訪問し、「一学級に一人か二人は落ち着かない子どもがいるものだ。そういう子も今は立派に成人しています」という校長や教頭にたくさん会いました。ＡＤＨＤの行動特徴を障害とみるか、あるいは昔からある性格特性とみるかは意見の分かれるところだと思います。また、この障害が急に世間に知られるようになったせいで、注意欠陥多動性障害（ＡＤＨＤ）は新しい障害だと思っている人がいます。

しかし、ＡＤＨＤは決して新たな障害ではありません。ＡＤＨＤと思われる症例についてはじめて報告されたのは、一九〇二年のジョージ・スティルという医師の論文だといわれます。それは多動で衝動的な子どもで、かつ道徳心がほかの子どもに比べて極端に低い子どもたちの症例報告でした。さらに、エコノモ脳炎の後遺症の多動症状が似ていることから、同じように脳に障害があるのではないかと考えられ、「微細脳損傷」とか「微細脳機能障害」という診断名がついた時期があります。英語でどちらもＭＢＤといいます。ＭＢＤは過去に学習障害をも含めて広く用いられた診断概念です。

多くの研究者が「きっとこの子どもたちは頭に傷があるだろう」といろいろと脳を調べてみたのですが、いくら調べてもそういう傷は見つからなかったのです。傷がないのに傷があるかのような診断名は不適切です。そこで、一九七八年に世界保健機関（ＷＨＯ）の診断基準では「小児性の多動症候群」と症状による診断名となりました。

■多動と不注意の関係

診断名には二通りの命名のされ方があります。ひとつは原因あるいはその仮説による命名、もうひとつは症状表現としての命名です。ＭＢＤは前者で、ＷＨＯの「小児性の多動症候群」は後者にあたります。現在の診断名であるＡＤＨＤはどうでしょうか。注意に欠陥があり、かつ多動であるというと一見症状を表わしているように思えます。しかし、この診断名は原因仮説と症状表現が混じりあって生まれたといえます。

一九八〇年、注意欠陥障害（ＡＤＤ）という、現在のＡＤＨＤのＨ（Hyperactivity＝多動性）という表現を除いた診断名がアメリカの診断基準ＤＳＭ－Ⅲで用いられました。これは、集中力がない、気が散りやすいといった不注意の問題が多動という症状に影響しており、不注意こそが主たる症状ではないかと考えられてつけられた診断名です。いわば多動の原因は不注意であるという原因仮説です。

多動のひとつの症状である落ち着きのなさは、身体の動きだけを見ていてもとらえることができません。たとえば、子どもが授業中に席を離れたとしても、それは単に席を立って歩くという普通の行為でしかないからです。私たちがそれを多動と感じるのは、「わけもなく」立ち歩くからです。つまり、その状況にそぐわない行動が多動として感じられるのです。

私たちがどんなにすばやく動き回っても、自分の周りの状況を判断し、また自分が今何をすべきかを意識して行動するときには、決して誰も私たちを落ち着きのない人だとは思いません。ここにあげられた状況判断や自己意識は、注意の機能のひとつなのです。この機能が働かない、すなわち不注意なときにそれは多動と見えます。

以上のような考えから不注意が多動の原因のひとつであろうと推測されたのです。多動の原因を注意の欠陥という症状で説明しようとするのは、原因に十分に迫ってはいません。しかし、ただ単に行動上の特徴としてとらえられていた多動が、子どもの注意や衝動をコントロールする脳の機能の発達と関係があると考えられるようになったのは、これらの障害をもつ子どもを理解していく上で進歩だったと思えます。

■ADHDのサブタイプ

このような変遷を経て現在の診断基準（一九九〇年のDSM-Ⅳ）では、注意に欠陥がある子どもと、多動が主たる症状の子どもの両方のタイプがあるのではないかと考えられるようになりました。現在、ADHDには三つのタイプがあると考えられています。不注意優勢型、多動―衝動優勢性型、その両方の症状をもつ混合型です。これらのタイプに分類される際にはADHDの三つの基本的特徴、すなわち不注意、多動性・過活動、衝動性のどの症状が優勢かが決め手となります。

〈不注意〉

連絡帳を忘れる、答案用紙やお知らせのプリントを出さない、よそ見ばかりして先生の話を聞いていない、宿題を最後までやらない、これらは学童期の不注意の典型的なエピソードです。それがＡＤＨＤと診断されるには、このようなミスが頻繁に生じるとともに、少なくとも半年以上続いていること、七歳未満から同様な問題があること、また同年齢の子どもと比べて顕著であることの三つの条件が満たされなければなりません。この三条件は次の多動性や衝動性においても同様です。

幼児期ではどのようなことが不注意の問題となるでしょう。それを見つけるのは難しいことです。なぜなら幼児期には概して子どもは集中力が弱く、他のことに気をとられやすいからです。いつもぼんやりしていたり、よく転んだり、人の話を聞いていなかったり、何度言っても同じまちがいをするといったことが頻繁に認められるとき、幼児でも不注意の問題を疑ってもいいでしょう。しかし、それらの問題が、人とのかかわりや運動機能や聴覚の問題など、自閉症の障害や難聴など、機能や能力の障害の有無をしっかりと評価して、そのような障害や機能の欠陥がないことを確認することが大切です。

〈過活動・多動性〉

ＤＳＭ－Ⅳ のＡＤＨＤの診断基準に、「しばしば〝じっとしていない〟またはまるで〝エンジンでうごかされるように〟行動する」という多動に関する項目があります。「エンジンでうごかされるように」とはどういうことでしょう。この項目を読むたびに、もう少しわかりやすい和訳はないものかと思います。なぜなら、いくら子どもは元気で活動的といっても、体内にエンジンがあってロボットのように疲れ知らずに動く子どもはそう見当たるものではないからです。

しかし、このイメージのしにくさは、実は過活動や多動と呼ばれる症状の本態をとらえているのかもしれません。通常、動き回ったあとは子どもなりに疲れたようすをみせますし、自分のエネルギーをセーブすることもできます。しかし、ADHDの多動と呼ばれる症状は、機械仕掛けで動いているとしか思えないほど、異常なエネルギッシュさなのです。おそらくこの子らは、エネルギーの過度な消費や疲労感など体内の感覚をとらえるのが苦手なのでしょう。

多動のタイプのADHDと診断された子どもたちのグループを指導すると、子どもたちの活発な動きにめまいを覚えます。彼らの動きを目で追うのに必死で目も頭も疲れてしまうからです。このような異常さを感じたとき、その子どもの行動を過活動・多動といっていいのでしょう。

幼児や学童期の初期にADHD多動—衝動性優勢型と呼ばれる子どもは、明らかに他の子どもと比べ離席が多い子どもたちです。しかし、そういう子どもも成長とともに学童期中期以降は目立った多動は少なくなり、授業の間、椅子に腰掛けていられるようになります。ただし、座りながらもじもじあるいはくねくねと身体を動かしたりする程度の落ち着きのなさは残ります。つまり、多動—衝動性優勢型では多動傾向は加齢とともに潜在化し、表面的には衝動性が目立つようになります。

〈衝動性〉

ＤＳＭ－Ⅳでは、「しばしば質問が終わる前にだし抜けに答えてしまう」「しばしば順番を待つことが困難である」「しばしば他人を妨害し、邪魔する（例えば、会話やゲームに干渉する）」という衝動性の診断項目が三つ挙げられています。衝動性がもっとも表れやすい状況は、ゲームや競争など興味や攻撃性をかきたてられる場面です。

これを幼児の日常の行動として想像してみてください。たとえば、ブランコや滑り台の順番が待てない、紙芝居をじっと聞いていられず大事なときに次のすじを大声で言ってしまう、親が電話をしている最中におやつを要求してぐずったり泣いたりするなどが思いつきます。しかし、どれも二歳や三歳の子どもにありがちな行動です。衝動性とみなされる行動は、自己抑制が弱い幼いときにはごく日常的に起きる普通の行動です。これらの行動がＡＤＨＤの症状とみなされるには、先述のように同年齢の子どもに比べて頻繁であり顕著であることが必要です。

■状況依存型の障害

ＡＤＨＤと診断するうえでもう一つの条件は、家庭と保育園や幼稚園あるいは学校や学童保育など、異なる場所で同じように認められなければならないことです。DSM－Ⅳの診断基準ではADHDの症状が少なくとも二つ以上の場所で認められることが条件になっています。人は好きな人と会うときにはそわそわと落ち着きなく、逆に嫌いな人と会うときにはいらいらしやすくなります。子どもも同様で、特定の人との関係や場所の影響を受けてADHD様の行動が生じることがあります。しかし、これは一過性の行動で真のADHD症状ではありません。これらの心理環境的な要素から生じたADHD様の行動と、障害としてのADHDの症状を区別するために、この条件が設けられています。

しかし、実際にはこの条件を満たさない子どもがいます。つまり学校ではADHDなのに家庭ではその兆候がないのです。あるいはその逆のことも稀にあります。また、同じ学校場面であっても、学年が変わると子どもの症状が変わることがあります。先に述べた子どもの行動を評価する保護者や教師の閾値《いきち》のちがいではなく、実際に誰が見てもそれぞれの場面で症状の有無がちがうのです。よくあるのは担当する教師によって子どもの態度が変わる例です。

「担任が変わってからADHDになった」という子どもの事例を校内研修会で聞いたことがあります。その事例は、家族は以前から落ち着かないことを心配していた児童でした。しかし、学校では小学校一～二年生のときには非常に統率力のある先生が担任だったことで目立った問題はなかったのです。

その教師は、教室の中で誰がどれくらい集中しているかを見計らいながら授業を進めるタイプでした。授業の要所々々で教室を一瞥《いちべつ》し、ひとりひとりの集中の度合いを把握します。そういうことは、よほど授業準備がしっかりしていないとできません。努力家でかつ教えることに長けた優秀な教師だったのでしょう。

その事例の子どもは、自分の能力を最大限に発揮していたと思えます。注意をそらすと教師が近づいてきて教科書に目をやることを促されます。今何をすべきかを思い出させる刺激を先生が常に与えていくわけですから、おのずとじっとしてなくてはいけなくなるのです。学校で自分の本性を出せないためか、家庭ではぐずったりしつこく物をねだったりとこまり事が多い時期だったそうです。

しかし、三年生になって緩やかなクラスの運営をする先生が担任になると、態度が一変したといいます。急に離席が目立ちはじめ、学級だけでなく学校中で弾けるようにさまざまな問題が起きました。親がＡＤＨＤの診断書を持参し、そこで研修会で検討されることになった事例でした。

また、保育園では先生たちがものすごくこまっているけれど、家ではまったくこまっていないというケースもあります。家では母親と年の離れた二人の姉がその子の性格をよくのみこんで、なだめたりすかしたり上手に扱えるのです。家庭では少し甘えん坊だけど、素直だと母親は主張します。しかし、保育園では、給食のときに外へ遊びにいってしまう、お昼寝はしない、他の子と遊んでいると必ず相手の子が泣き出してしまうなど、数え切れないほどの問題をかかえた事例でした。

このように場面や相手によって症状の出方や態度が変化するのはＡＤＨＤの特徴といえます。他の発達障害においては、状況や場面のちがいに多少影響されるにしても症状の出方がこれほど異なることはありません。なぜこのように症状が変化するのでしょうか。それは、ＡＤＨＤの症状がその障害の特徴をきっかけとして生じるとしても、環境との相互作用によって問題行動が形成されるからです。障害とは変化しないものであるという一般的な考えは、この子どもたちには通用しません。障害でありながらも、他の心の問題と同じように対人関係や環境変化に左右されて問題行動へと発展するのです。

ＬＤ（学習障害）

ＬＤはLearning DisabilitiesあるいはLearning Disordersの略語です。ともに学習障害と訳されます。Learning Disabilitiesは以前から学習の障害や社会性の発達の障害を含む広範囲な概念として用いられてきました。その場合はＡＤＨＤや高機能広汎性発達障害の一部の症状をもつ子どもが含まれる可能性があり、かなり幅広くまた多様な状態像を示します。

後者のLearning DisordersはＤＳＭ－Ⅳの診断基準による狭義の診断概念です。それは次の四つの症状からなります。

①**読字障害**　字や文章を読む正確さと理解力の障害

②**算数障害**　計算能力や数的な推論の障害

③**書字表出障害**　字を正確に書く能力の障害

④**特定不能の学習障害**　上記三つの障害の基準を満たさないが、学習上に明らかに障害がある。あるいは上記の複数の障害を併せもつ場合

この症状のいずれも「個別施行による標準化検査で測定された到達度が、その人の生活年齢、測定された知能、年齢相応の教育の程度に応じて期待されるものより十分に低い」という条件がつきます。つまり、その子の知能指数や年齢に不相応に低い読み書きや計算力であることが条件となります。

この条件からも判るように、ＬＤは漢字の読み書きや数計算などの学習上の問題が明らかにならなければ診断できません。そのため、学習障害の多くは就学後に診断されます。だからといって、保育園や幼稚園、また一歳半健診などでこの障害をもつ子がいないということではありません。問題があるとしても乳幼児期には潜在

化しているといってよいと思います。

■能力の個人内差の障害

誰でも能力的に得意、不得意があります。たとえば、楽譜を見なくてもメロディーを聴けばその曲をピアノで弾けるのに、月に一度ピアノ教室に行くときには必ず道をまちがえるという人がいます。この人は音感と聴覚記憶は優れているのに、それに比べて方向感覚や視覚記憶が劣るのです。このことを能力の個人内差といいます。

知的障害は、知的能力が標準から一定以上劣っていることによって、障害か否かが決まります。つまり人々の間の能力の差（個人間差）で決まる障害です。これに対してひとりの人の能力のなかのちがい、つまり個人内の能力差で決まるのが学習障害です。誰しも能力に多少の個人内差があるのですが、あまりにも能力の個人内差が極端なために、他の子どもたちと比べて明らかに学習上のつまずきがあるときに、学習障害と診断されます。

そのため学習障害の診断は、単に国語ができないとか算数が苦手という状態だけで決まるのではありません。標準化された知能検査や認知能力の検査から、その子どもの能力の個人内差をまず調べなければなりません。そしてその子どもの学習上の困難さとの関連を検討して、その子どもの学習上の問題がこの個人内差によるものか、他の要因によるのかを検討して診断しなければなりません。

■書字障害の例

よく用いられるテストにＷＩＳＣ－Ⅲという知能検査があります。この検査を例にとって、どのように個人内差が測られるかを説明しましょう。

ＷＩＳＣ－Ⅲは五歳から一六歳用の知能検査です。この検査の特徴は、全体としての知能（全検査ＩＱ）を調べるだけでなく、知能の個人内差を知るために言語性検査と動作性検査に分けて、言語性ＩＱと動作性ＩＱを測定する点です。また、二つの検査にそれぞれ六～七項目の下位検査があり、歴年齢の標準を一〇点として、〇から一九点の間でその下位検査にかかわる能力の優劣を判定します。この下位検査の項目間の得点のばらつきからも個人内差を調べることができます。

知能の個人内差を見るポイントとしては、言語性ＩＱと動作性ＩＱの二つの差を調べ、それが一定以上たとえば二〇以上の開きがあるときを両者に明らかな差があるとみなします。また下位検査では、言語性検査と動作性検査の下位検査項目のそれぞれの平均点と個々の項目の得点差によって個人内差を検討します。

以下は平仮名と漢字の書きが苦手な小学校二年生の例です。とくに平仮名の「ぬ」と「め」と「ね」は形が似ているためか区別ができず、読みにもまちがいが生じます。この子のＷＩＳＣ－Ⅲの結果は次のようでした。

言語性ＩＱ九四と、動作性ＩＱ九三、また全検査ＩＱ九三で、ＩＱの数値に個人内差はないのですが、下位検査に特徴が表われていました。言語性下位検査の項目の得点は七～一〇点の幅のばらつきで、この下位検査の平均得点とどの項目も差は大きくはありませんでした。それに対して動作性下位検査の結果は四～一三点とかなりのばらつきがあります。平均点九に対して統計的に明らかに意味のある差があったのが、「符号」五点、と「積み木模様」四点、でした。これらの項目に共通するのは、図形の特徴を把握し記憶し、それを再生する能力です。このＷＩＳＣ－Ⅲの結果は他に比べてこれらの能力が極端に低いことを示唆しています。

この子どもは後に小児神経科のクリニックで書字障害と診断されました。このように、学習障害は単に学力上の出来や不出来からの判断ではなく、個人内の能力の差を調べて診断されます。

■学習障害の診断で注意すべきこと

学習障害の診断において注意すべきことが三点あります。まず、ＬＤという障害の概念がまだ統一されていないことです。前述のＤＳＭ－ⅣのＬＤ（Learning Disorders）の診断基準は、主として精神科や神経科領域で用いられます。それ以外に、教育関連でLD（Learning Disabilities）と診断されることがあります。この場合にはDSM-Ⅳのような一定の診断基準での診断ではなく、診断をするそれぞれの専門家が従来の診断の方法や自身の臨床経験に基づいて診断します。その専門家が学習障害とADHDを同一の障害と考えている場合などは、前述のようにADHDの症状をもつ子どもがLDと診断されることになります。

なお、LD（Learning Disabilities）という診断は医師以外の専門家によって行われることがあります。医師以外の診断は医学的診断ではないので、厳密には診断と呼ぶべきではありません。しかし、教育や心理学の分野では、精神医療で学習障害の診断基準が統一される以前から、特殊教育にかかわる教員や障害心理学の専門家が学習障害に関心をもち、LD（Learning Disabilities）の見立てを行ってきました。そのため、このように医療以外でのLDあるいは学習障害との診断がときおり認められるのです。

LDと診断された子どもに接する保育や教育の専門家は、その診断名を鵜呑《うの》みにするのではなく、どのような個人内の能力差がありそれが学習上の問題にどのように影響するのかを、心理検査の結果などの具体的な説明から理解することが大切です。当然、診断をした専門家たちはそれを説明する義務があり、子どもを指導する専門家はその説明を求める権利があります。

■学習障害とＡＤＨＤの併存

もうひとつは、ＬＤとＡＤＨＤの併存障害の問題です。この二つの障害は、以前はどちらもＭＢＤ（微細脳障害）と診断されました。このことは、同様な脳の損傷や機能障害が原因で生じる近似した障害だと考えられていたことを示します。しかし、この二つの障害は、一方が学習面の問題であり、もう一方は行動上の問題です。症状は非常に異なります。ただ、アメリカの調査で学習障害の四〇～五〇％がＡＤＨＤを併せもつと報告されているように、表われる症状は異なりながらもコインの裏と表のような併存する関係があります。

この二つの障害が併存した場合、どうしてもＡＤＨＤの症状のほうが目だってしまい、そこに周囲の注目が向きます。なぜなら、ＡＤＨＤは反抗や乱暴や忘れ物など周囲に迷惑をかけ、周りを巻き込みがちな障害だからです。学習障害は子どもだけが不利益をこうむる障害で、周囲が気にしなければ勉強が苦手な子として見過ごされてしまいます。ＡＤＨＤの裏側に学習障害の問題が隠れていないか注意を向け、学習障害があれば、学習上の指導プログラムによる支援アプローチを行う必要があります。この場合まず行動上の問題への介入を行い、タイミングをみて学習障害への学習上の支援を実施することになります。

■学習障害と学業不振

最後の問題は学業不振と学習障害の関係です。学業不振というのはこれまで説明したような能力上の個人内差が顕著でなくてもおきます。たとえば、学業不振は本人の学習意欲の低下が原因で生じます。また、意欲低下は子どもの能力や性格のせいだけでなく、子どもと家族や教師などとの対人関係における葛藤や不適切な交友関係によっても起きます。原因はさまざまでしょうが、いずれも後天的な原因といえます。それに対して、学習障害は前述のように生まれつき個人がもっている能力のアンバランスが原因です。まずこのような原因の点で、学業不振と学習障害とを区別しなければなりません。

それと同時に、学習障害でも自分の苦手とすることに対して強制的に学習させようとすると、学業不振のように学習意欲が低下することも理解しておく必要があります。たとえば漢字を覚えられない子どもに対しては、通常は何度も同じ文字を繰り返し書かせるという単純な教授法で指導します。しかし、この方法では学習障害をもつ子どもの学習意欲は著しく低下します。

学習障害の場合は、漢字を覚えられない能力的な原因を理解し、その能力をカバーする工夫が必要です。その子どもが図形を覚えるのが苦手なら、聴覚的な記憶を手がかりに用いることを工夫します。たとえば林という字を書くときに「並んで木がふたつ」と唱えながら書く練習をするなどです。このように学業不振を招かないために学習を促すさまざまな工夫が必要です。

2

問題への具体的対応

（実践篇）

軽度発達障害と自己像の形成

生まれたときには泣くことぐらいしかできないと思えた乳児が、一年後には歩き、二年後には話すことができるようになります。だから、発達とは一般に何かを得ていく過程だと考えられます。しかし、果たしてそうでしょうか。少しちがう角度から考えると、必ずしも発達は何かを得るばかりではなく、同時に何かを失っていく過程であることがわかります。

生まれて間もない乳児は漠とした自分ひとりの世界にいます。ぐずったり泣いたりすれば、その原因となっている空腹は満たされ、あるいはぬれたオムツの不快感や寝入りばなの不安が解消されます。このとき、乳児にとって世界は自分の思いのままに動いています。もちろん、それは乳児の自己中心的な世界にすぎず、客観的には親や保育者が乳児にすべて与えているのですが、新生児にしてみると、すべてが思いどおりになる万能の世界なのです。

私たちは、さまざまな心身の能力や技能を得て大人になっていきます。しかし、内的世界の形成の観点からみると、それは混沌とした万能感を失い、他者の存在を知り、思い通りにいかない現実を経験し、非力な自分を認識する過程です。いわば成長の見返りとして、果てしない万能の世界を失っていく過程といえます。知らない人を見て泣き出す八カ月の人見知りも、何でも自分でやりたがる二歳児の反抗も、自分の世界の卑小化への不安と抵抗を示す発達的な現象ととらえることができます。

■万能感としつけ

私たち大人は乳児を万能の世界から目覚めさせ、現実の世界のルールを少しずつ教えていきます。それがいわゆるしつけです。大人は子どもの将来を考えてしつけを行うのですが、幼児の側からするとしつけは理不尽に自分を否定されている感じをともないます。

なぜなら、はじめてソファーに登るとほめられたのが、二歳になって椅子やテーブルによじ登ろうとすると「危ない」としかられるのです。発達することで自然に出てくる好奇心や新たに得た力を確かめることが許されず、同じことをしているつもりなのに、ときにはほめられときにはしかられます。子どもは混乱し、大人の仕打ちを理不尽に感じます。

二歳児のかんしゃくはとても手がつけられるものではありません。しかられたときの大粒の涙は理不尽さへの抗議でしょう。しかし、いくら泣いても大人は許してはくれません。乳児のころは泣けばすべてがかなっていたのに、いまはまったく自分の思い通りにいかないのです。幼児はしつけを通して自分の非力さを知り自信をなくします。何もかもが思うようにいかないという思いがするでしょう。

そのとき、子どもが絶望感にとらわれずにすむのは、自分を守ってくれる親や、成長をよろこんでくれる周囲の大人たちへの信頼があるからです。それは、乳児のときに自分と親あるいは保育者との間で育んできたものです。その保護と信頼を失わないために、子どもは親や大人の言いつけを守ろうとします。また言いつけを守ることでほめられ、さらに大人の言うことに従うようになります。そうやって私たちはみな大人になってきました。

■軽度発達障害としつけ

しつけによって、子どもはほめられる自分としかられる自分を経験します。それは、私たちが大人になっていくためには大切な過程です。つまり、子どもにとってしつけは、否定的自己と肯定的自己という二つの面をもつ自己像を形成するといえます。ほめられることだけで育てば傲慢《ごうまん》な大人になるし、しかられるだけで育てば自分を卑下《ひげ》する自信がない大人となっていきます。私たちが大人になるということは、肯定的自己と否定的自己の両方の自己像をバランスよくもつことだと考えられます。

軽度発達障害をもつ子どもの場合、このバランスのよい自己像を形成することがとても難しいのです。しつけの難しい軽度発達障害をもつ子どもたちは、ほめられることが少なく、しかられることが圧倒的に多い子どもたちです。ＡＤＨＤや高機能広汎性発達障害と診断された子どもの多くは、歩きはじめた直後にどこにいくか危なくて目が離せません。また二〜三歳のときには、道路に飛び出したり、他の子の玩具を取り上げたり、危ないことややってはいけないことをいくら教えても理解できずにしかられつづけます。ほどよい自己像を形成するために必要な、ほめられる自分としかられる自分の双方を経験できず、常にしかられてばかりで否定的な自分のイメージだけが育っていきます。

〈自己を否定する幼児〉

ＡＤＨＤのペアレント・トレーニングで、就学前の幼児をもつ母親が参加動機を話したときでした。「僕なんかいなくなればいい、そういう子どもを見ると、悲しさとやり場のない怒りがこみ上げ、つい子どもをしかりつけてしまう、こういう自分の気持ちをどうにかできないかと思って、ペアレント・トレーニングをうけようと思いました」、母親はそんなふうに話しました。

わが子を失うことは悲しいことだと誰もが理解できます。それと同じくらいに、わが子が自分自身の存在を否定することも、親にとってはつらく悲しいことです。

思春期の不登校の相談で、この幼児の母親と同じようなつらさを語る親と何度も会いました。その経験から、子どもが自信をなくし「生まれてこなければよかった」「生きていたくない」と自分を否定するのは、不登校の兆候が出はじめる五〜六年生か、早くても四年生くらいだと理解していたのです。幼児で自己否定的な言葉を口にすると知って、私はペアレント・トレーニングの参加者の話にショックをうけました。

幼児は親にしかられても、すぐにけろっとして遊びはじめ、ウルトラマンや仮面ライダーやセーラームーンになって、ごっこ遊びという幻想の世界で自分を癒《いや》すことができるはずです。それが非力な幼児期の子どもを守る「発達」の力だと、私は信じていました。しかし、軽度発達障害とくにＡＤＨＤという障害は幼児からこの防衛力を奪い、大人の抑うつと同じような自己否定と絶望の世界に子どもを引きずりこんでいくのです。

私は自己否定的な幼児の存在を知ってから、軽度発達障害をもつ子どもとその家族への早期の支援の必要性をいっそう強く感じるようになりました。

■学童期と自己像

学校は自分の能力を高めてくれるところである反面、能力には個人差があり限界があることを学ぶ場所でもあります。子どもが自分の能力を知るのは必ずしも学業成績の結果からではありません。音感の悪い子どもは音楽の授業のたびに、手先が不器用な子どもは図工の授業のたびに、スポーツの苦手な子どもは体育の授業のたびに自分とほかの子どもとの能力のちがいを知ります。

この逆に音楽・図工・体育の三教科で得意な思いをした人もいるでしょう。どちらにしても、それは自分の実力を確かめる機会だったのではないでしょうか。学校や教師が相対的な評価を避けようとしても、子どもは能力に個人差があることと自分の能力の限界を、自分自身の目と耳と身体の感覚で知ります。学校教育が子どもに自分の能力の限界を感じさせることを、私は決してまちがったことだとは思いません。子どもは、この学童期の経験を通して、バランスのよい自己像を育んでいくからです。

軽度発達障害をもつ子どもたちの自己評価は低いといわれます。肯定的な自分を感じる機会がなく、就学以前からすでに否定的な自己像をもっているからでしょう。そして学校という場所が先述のような二つの性質、つまり自分自身の能力の可能性と限界を認識させる場であるために、小学校へあがると自己評価がさらに下がってしまいます。この学校教育の二面性を十分に認識し、軽度発達障害に対する教育的な配慮が必要となります。

■思春期と自己像

学童期に自己評価が一気に下がってしまうのを防いでいるのが、子どもの空想の力です。幼児ほどではありませんが、学童期の子どもたちは空想の世界に避難することで、自分を見つめなければならない現実から一時的に逃避します。授業に飽きて、あるいは仲のよい友だちと遊べなくて、いたずら書きをしたり漫画を描いたりした経験はありませんか。どれも空想の世界でのひと休みだったのです。

不登校が小学校よりも中学校で激増するのは、現実認識の能力が発達することで、この空想への回避ができなくなるからです。自信のなさや失敗から起きる自己嫌悪を回避するには、友人を避け、学校を休み、家族を退け、現実から逃避して引きこもりの状態へと進まざるをえなくなります。

〈ADHDをもつ中学生の話〉

では、不登校や引きこもりにならず非行へと走る子どもは、どうやって自己評価の低下から免れるのでしょうか。大人につっぱって見せる彼らは、自信に満ちているようにも見えます。非行の仲間から抜け出すことを目的に私と面接を続けた子は、そのことをつぎのように説明してくれました。

「小学校の四年のときにいまの町に引っ越してきた。転校した学校は前の学校より授業が進んでいて、わからなくていつの間にか授業中は刑事物のテレビドラマのことばかり考えるようになっていた。そのうち自分でストーリーを作って昼休みにクラスの子と刑事と犯人役になってドラマのストーリーを追って遊ぶようになった。最初は友立ちも面白がったけど、そのうち自分だけが刑事役をやっているので、誰も遊んでくれなくなった。無理に遊ぶと結局けんかみたいになって、先生からしかられ、みんなからは乱暴者だと思われてしまった。」「中学に入って心を入れかえようと思って、数学のときにわからないことを質問したら、教師からそんな小学校で習ったことを質問するなと怒鳴られた。それで中学も面白くなくなった。教室を出てふらついていたら、いまの（非行）の仲間の一人が同じようにふらついていて、だんだんツッパリの仲間が増えていった。人数が多くなったら教師が俺たちに注意しなくなった」

この話の細部には彼の脚色があるのですが、授業の内容がわからずもてあました時間を空想の世界で満たし、手加減できないために友人たちからも乱暴者と疎外《そがい》され、中学に入ってからはそのさびしさをツッパリの仲間を作ることで満たそうとした、このいきさつは事実でした。

教師が自分たちを恐れることで、自分が強くなったような錯覚をいだき、そうやって「強い自分」という虚像を作りあげていったのでしょう。これは、学童期に空想に頼って自分を守ったことの延長でしかありません。引きこもる子どもたちと同じように、非行の子どもたちも低い自己評価をもっていて、それを自分自身が気づかないようにするために強がっているのです。

彼はツッパリの仲間からリンチを受けて学校を休みはじめ、相談室を訪れました。面接を続ける間に秘かに仲間とよりを戻すことがありましたが、結局、最後に仲間からの再度のリンチで縁が切れたのです。その直後の面接で、彼は深い抑うつの中で「もう一人でやっていきたい」と言いました。私は、自分の問題を抱えきれなかった少年がやっと自分と向き合うまでに成長したのだと感じました。

しかし、彼の成長を手放しでよろこぶ気持ちにはなれません。ＡＤＨＤという障害のために友人たちからも疎《うと》まれ、自己嫌悪に陥《おちい》るしかなかった彼を支えていたのは、まちがっているかもしれませんがツッパリの仲間だったのです。それを失って、これからどうやって彼はやっていくのだろう、その不安を抱きながら彼と同様に暗い気持ちにとらわれていたからです。

自分があまりに卑小化し消失してしまうような危機を感じたとき、この中学生のように虚空な肥大化した自己像を作りあげるか、先に述べたように誰ともかかわらないことで自分を守ろうとするしかないのでしょう。軽度発達障害をもつ子どもたちを不登校へまた非行へといざなう心の根底にあるのは、自己評価の低さと抑うつ的な感覚です。せめてそうなる前に私たちが彼らに何かできることはないのでしょうか?

障害の特徴と問題行動

軽度発達障害のいずれかの障害をもつ子どもは、LDの能力のアンバランス、ADHDの不注意と衝動抑制の困難さ、自閉性の障害のこだわりに近い強迫傾向をあわせもっていることが多いように思います。これは、私の臨床実践の経験とペアレント・トレーニングでの親の訴えから感じることです。このことから私は、この三つの障害が実は一人の子どもの中で重なることが多いのではないかと考えるようになりました。

なんらかの診断名がついていても、LDだからLDの対応でよいとか、ADHDだからADHDの対応、HF‐PDD(高機能広汎性発達障害)だから自閉症への対応でよいというように単純にはいかないと考えています。一番大事なことは、その子どもが抱えてきた問題と今起こしている行動が、どの障害の特徴とかかわっているのかを見極めることだと思います。ADHDと診断された子どもで、日ごろの問題がADHDの症状と一致するとしても、今ここで起こしている問題行動はADHDのそれでなく、自閉性の障害のこだわりと近い関係にあるかもしれないからです。

■衝動性と障害の特徴との関係

ここで「すぐカッとなる・キレやすい」という問題を例にとって、その問題行動の背景にどのような障害が関連するのかを整理してみたいと思います。

「すぐカッとなる・キレやすい」という表現は、異なる問題行動につけられた共通のレッテルのようなもので、どの障害においてもそう呼ばれるような問題行動が生じます。しかし、その状態を詳細に分析してみると、同じように見える問題も行動としては個々にちがいます。とくにそれぞれの背景には異なる障害の特徴が関連しています。それを整理すると、次のような四つのタイプの特徴を背景にした行動に分かれます。

①興味・関心・活動の抑えにくさ（ＡＤＨＤに優勢）
②攻撃性・刺激を求める欲求の抑えにくさ（ＡＤＨＤに優勢）
③状況への不適切で過剰な防衛反応（ＨＦ‐ＰＤＤに優勢）
④社会性の遅れと認知の偏りによる状況理解の誤り（ＬＤに優勢）

〈興味・関心・活動の抑えにくさ〉

衝動性の障害とは、言い換えると旺盛な好奇心を抑えることの苦手さです。たとえば道路を歩いていて、向こう側に興味をひくものを見つけると、車の往来などに無頓着に飛び出していきます。本来なら危険を予測して慎重に行動すべきところを、好奇心に動かされて見境なく行動する、これがＡＤＨＤに優勢な興味や関心や活動の抑えにくさです。

二～三歳の子どもにも興味や関心や活動の抑えにくさがあります。たとえば、散歩をしていて段差を見つけるとまずそこへ登りたがります。段差にうまく登れるときもあれば、段差を踏み外して転ぶときもあります。この好奇心によって起きた結果から、子どもは高い所へ登る際の運動技能や自分の身体能力の限界を学習していきます。また失敗をくり返すことによって、自分にとって危険な行為を抑制することを学びます。

あるいは親から「それはあぶないからダメよ」と言われ、やってよいことと悪いことの理解ができるようになります。たとえば「横断歩道では信号が赤か青かを見て渡るんだよ」と言われ、言われていることや色名がわからなくても親が危険なことを制止しているという意図が推測できます。幼い子どもでも人の心が読めるのでしょう。親の表情や語調で危険を察知して、自分の衝動を抑制することできます。

しかし、ADHDの障害をもつ子は大人が制止しても衝動のほうが勝ってしまい、「わかっているけども、止められない」という状態で失敗をくり返します。自分にとって危険なことだけでなく、ほかの人にとって危険なこともやってしまい、また家庭や保育園や学校にとって高価で大切な物をいじって壊してしまったりします。こうして何度も同じ失敗をしてしかられます。

ADHDの障害をもつ子どもは、自分自身は好奇心に突き動かされて行動しているので、悪いことをしているという意識が薄く、しかられる理由がわかりません。そのため、自分の行動を制止する大人に対して反抗的になっていきます。その反抗から発展した乱暴な行為のために、ADHDの障害をもつ子どもは「すぐカッとなる・キレやすい」というレッテルを貼られてしまいます。

このように、ADHDと診断される子どもの乱暴な行為は、「興味・関心・活動の抑えにくさ」から発展したものです。明るくて、おもしろくて、アイディアがいっぱいな、たとえば、エジソンや坂本龍馬がADHDだったと言われるように、彼らの特性を悪い方向に向かないように工夫すれば、それはとても創造的な特性だといえます。

〈攻撃性・刺激を求める欲求の抑えにくさ〉

「すぐカッとなる・キレやすい」という問題は、ADHDのもう一つの特徴である攻撃性や刺激を求める欲求の抑えにくさに原因があります。子どもは本来攻撃的です。歯が生えはじめた乳児は抱いていて二の腕を噛まれてしまった経験はありませんか。この時期の乳児は噛み心地のよいところをよく知っていて、腿や腕など柔らかいところを噛みます。こちらが痛がれば痛がるほどうれしそうに笑って、また噛もうとします。

攻撃性はもともと子どもに備わっていて、その攻撃性を使って他者をコントロールしようとします。また、自分の行為から起きた意外な効果は子どもにとって刺激的で、それをくり返したくなります。噛んだときにこちらの反応が大きいほど、子どもは満足なのです。しかし、そういう攻撃性も二歳を過ぎると、「それはやってはいけないことなんだよ」と教えられ、我慢できるようになります。そのときに働いているのが衝動を抑制する精神的機能です。

ＡＤＨＤの衝動性の障害はこの攻撃性をコントロールすることの難しさでもあります。生まれつき攻撃性が高い子どもがいます。この特性とＡＤＨＤの障害が合わさると、幼いときから乱暴なことをする傾向を生んでしまいます。そういう子どもの「すぐカッとなる・キレやすい」という最初のエピソードは、公園に行ったときにほかの子どもを突き倒すとか、物が投げられるようになると石を投げて隣の家の窓ガラスを割ってしまったというような攻撃的な行為です。その後は、自分の乱暴な行動で周囲が騒ぐのを楽しんだり、欲求を通すために乱暴したりするようになります。このタイプの子どもに加齢とともに反抗や非行に変化し、「反抗挑戦性障害」から「行為障害」へと発展する可能性が高い子どもがいます。

〈状況への不適切で過剰な防衛反応〉

高機能広汎性発達障害（ＨＦ－ＰＤＤ）をもつ子どもの「すぐカッとなる・キレやすい」という問題行動の背景には、状況への不適切で過剰な防衛反応が原因となっていることがあります。私がかかわった事例でそれを説明しましょう。

後に広汎性発達障害と診断された男児です。担任の教師と学校がこの子の乱暴を正気の沙汰ではないと思って、母親を説得して私のところへ相談に寄こしました。小学校六年生のときに、掃除の時間に突然女児をモップで思い切りたたいてしまったのです。原因は単に、「そこにゴミが落ちているよ」と女児に言われただけだったのです。

これまでの生育史を母親に聞いてみると、小学校一年のとき、班で掃除をする際に、班の仲間に「あそこがダメだ」とか「ここがダメ」と言われて、自分でどうしてよいかわからず、床にひっくり返ってほかの子をけったりしていた時期がありました。生まれつき不器用な子で、掃除道具が上手に使えなかったのです。一～二年生の頃は、自分でどうしていいかわからなくなると、数回そういうパニックを起こしていたそうです。その後はとくに何もなかったのですが、六年生になって過去が蘇ったようにパニックを起こしました。

女児から注意を受けた状況が、過去の班での掃除の時間と似ていたことは想像できます。このような過去の記憶に関連した乱暴な行動は自閉性障害に認められ、それは過去の出来事の感情と反応のフラッシュバックやタイムスリップ現象と呼ばれます。広汎性発達障害では、記憶が視覚映像のような形で残るという特性があります。その特性が関連していると考えられます。

私たちの記憶のほとんどはエピソードとなって記憶されます。たとえば子どもの頃に両親とどこかへ旅行にいったことを思い出してください。頭に浮かぶその記憶の中には必ず自分がいます。見たままの記憶であれば、自分のイメージはそこにはないはずです。記憶の中に自分自身の映像があるのは、私たちが過去のことを思い出すたびに視覚的な記憶が物語としての記憶に変わっていくからです。これはエピソード記憶と呼ばれる記憶のひとつのタイプです。

このエピソード記憶は、私たちの経験を整理するのに役立ちます。時間が経てば過去のつらい出来事も美化され、苦痛をともなわずに思い出せるようになるからです。しかし、事例の子どもがモップでたたいてしまったときの記憶はこのエピソード記憶ではなく、当時見たままの光景がよみがえってしまった記憶と考えられます。

一種のフラッシュバックです。やっかいなことに、そのときの感情も同時によみがえってしまったようです。以前の嫌な感じとパニックを起こした感じが同時に思い出され、思わず女児に乱暴な行為をしてしまったのです。

高機能広汎性発達障害には、こういうタイプの攻撃性の問題が散見されます。たとえば、ほかの子がちょっと自分の持ち物を取ろうとしたときに、持っている鉛筆で相手の目を刺そうとしたり、あるいは、ほかの子とケンカをしているときに、仲裁に入った子どもをまちがえて殴ってしまうなどです。どんな暴力もよく事情を調べてみるとその理由がみつかるのですが、このタイプの乱暴は「いきなり、いきすぎ、行きずり」で、理由がみつかりません。理由があったとしても、過度な乱暴であったり、見当ちがいの人への攻撃であったりします。この理解不可能な乱暴の背景には、「忘れることができない」という自閉性障害の特徴が潜んでいると考えられます。

〈社会性の遅れと認知の偏りによる状況理解の誤り〉

ＬＤをもつ子は乱暴な攻撃性を示さないことが多いのですが、状況の理解が悪い、あるいは言語的な遅れがある場合には、「すぐカッとなる・キレやすい」というレッテルを貼られてしまう子どもがいます。

ＬＤの障害をもつ子どものなかには、社会性の発達が遅れる子どもがいます。認知的な能力の偏りがどういうメカニズムで関連するかまだかわからないのですが、おそらく状況認知の悪さが社会的に適切なスキルの学習を阻《はば》んでいるのでしょう。悪意のある誘いを断るのに、そのタイミングがわからなかったり、断り方がわからなかったり、また自分の要求を通すべきときに上手く主張できなかったりします。

こういう経験は、いわゆる欲求不満状態をつくり、攻撃的な行動を誘発します。とくに言語的な遅れを伴っている子どもの場合、言葉で自己主張できないぶん、どうしても手や足で攻撃してしまうということが起きます。口よりも手が先に出てしまうという状態です。こういう行為の背景にLDという障害の特性が絡《から》んでいるのですが、なかなかそのことは理解されず、単に「すぐカッとなる・キレやすい」子として扱われることがあります。

以上、障害の特徴とそれぞれの攻撃性の問題を整理しました。すでに述べましたが診断が必ずしも、子どもの問題行動を解決する鍵にはなりません。大切なことは、子どもの障害が何であるかよりも、その問題行動にどのような特徴があるかを理解し、それに応じた対応方法を考えることです。ADHDと診断されているからではなく、ADHDに優勢な衝動性の問題か、HF・PDDに優勢な一種のフラッシュバックか、自己主張が苦手なために欲求不満で起きているのではないかと、問題行動を詳細にみなければなりません。

問題行動に対応する際の基本的認識

軽度発達障害の問題行動に対応するときには、私たちの基本的な認識のあり方を変えなければなりません。

〈親や担任の能力の問題ではない〉

まずは、問題行動が親のしつけや保育や教育の担当者の能力や資質が原因で起こるのではないと考えることです。しかし、実際にはそう思えないこともあります。たしかに軽度発達障害をもつ子どもの親の養育態度には、「あのしつけ方ではだめだ」と思うことがあります。また、保育士や教師は個人個人に能力のちがいがあり、「あの先生だとうまくいったのに、この先生はだめ」ということが当然起こります。しかし、今まであまりにも親や担任の問題にされすぎてきました。原因をそこに求めすぎては、子どもたちの障害を理解することも、また家族を支援することも、そして専門家同士が連携することもできません。これからはひとつの理念として、軽度発達障害の問題行動を、親や保育や教育の担当者のせいにしないという態度が必要です。

〈診断のための受診にこだわらず、日々の実践からはじめる〉

また、はじめて軽度発達障害をもつ子どもを担当すると、自分の保育あるいは教育が適切か迷います。そのときに担当者がまず求めるのは、発達障害の専門医の診断とアドバイスではないでしょうか。そのために、何とかして親に子どもの問題を気づかせ、医療へとつなげようとします。しかし、そうすることで、これまで多くの保育者や教師が家族との信頼関係を失い、その子どもの保育や教育の仕事をより困難にしてきました。

すでに述べましたが、診断に頼りすぎると対応を誤ることもあります。通常の子どもたちを育ててきた経験と発達を見つめてきた自分の目を信じて、発達障害を疑う子どもでもまずは通常の保育からはじめ、日々の実践を積み重ねて子どもの問題に具体的に対応することが大切だと考えましょう。

〈家族や担任だけで取り組まず、園や学校全体で取り組む〉

家族が子どもの養育や教育に熱心なのは当然ですが、保育士や教師など、子どもを指導する人も情熱をもって取り組みます。そのために、問題をもつ子どもを担当すると献身的に子どもの養育や教育に打ち込むようです。しかし、ときにはそれがひとりよがりで問題の抱え込みとなってしまうことがあります。

とくに軽度発達障害の問題行動は、衝動やこだわりと性質は異なるとしても、どれもエネルギーに満ちあふれています。家族だけ、あるいは担任一人に任せておくと、その人たちの努力とエネルギーをどんどん吸収してしまいます。結局は、精神的に疲れきって燃え尽きてしまわないともかぎりません。そうならないために、家族や担任だけで取り組まず、クラスをこえて、その学年あるいはその学校全体、園全体で取り組む意識を全員がもつことが大切です。

〈根本的な解決でなく、もっとも変化しやすい問題から手がける〉

問題行動を完全になくすには、その原因を調べそれを取り除くことが理想的です。しかし、障害がきっかけとなって起きる軽度発達障害の問題行動の場合、根本的な問題の解決を目指すのは不可能です。また問題行動は子どもの心の成長の証でもあります。つまり、成長とともに問題行動が複雑になるのです。子どもは加齢とともに能力も体力も伸び、関心の範囲も広がっていきます。そのことは子どもが発達している証拠なのですが、それと障害の特徴とが重なりあうことで新たな問題行動が生まれます。

問題行動がなくならないと聞くと、むなしくなるかもしれません。しかし、軽度発達障害の問題に取り組むには、忍耐強く子どもの障害とまた発達とつきあわなければなりません。つまり、「自分が担当しているあいだに、この子の障害を治そう」などと、理想的な目標を立てずに、「今すぐ自分が子どものためにできることは何か」を考え、確実に変化できる問題行動への取り組みからはじめることが大事です。険しい坂を前にしてため息をつくよりも、一歩一歩確実に歩みを進めることが求められます。一年経ったときに、理想をもとめて「自分は何もできなかった」と自己嫌悪に陥るより、小さなことでも「あれもできるようになった、これもできるようになった」と思えるほうがよほどよいのではないでしょうか。

「心の理解」よりも行動の理解

私たちは「○○ちゃんが、そうされたらどう思う?」「こういうことをすると悲しくなるでしょう?」と、子どもの心に訴えながら、子どもに物事の善悪を教えます。こうすることによって、子どもは似た状況では同じ過ちは犯さなくなります。自分自身で考え、自分で判断できるようになるからです。さらに他者の感情も理解し、思いやりをもって行動できるようになります。

これは人の共感性を利用し、「心の理解」を促す教育方法です。情操教育としてはとても大切で正しい方法です。しかし、軽度発達障害をもつ子どもたちを育てる際には、この方法はあまり有効ではありません。なぜならADHDでは衝動性を抑え切れずにまちがった行動をしてしまいます。共感性がないのではなく、悪いこととわかりながらも、衝動的に行動してしまうのです。また高機能広汎性発達障害では、人との相互交渉やコミュニケーションの障害のために、人に共感することが難しく、「心の理解」を促すことが難しいのです。

軽度発達障害をもつ子どもたちには、自分の行為の結果としてどのようなことが起きるかをわかりやすく、具体的に教えるほうが早道です。そのためによい行動をほめ、誤った行動を制限します。それは心理学の学習理論に基づいた行動変容の実践です。この行動療法的なアプローチが軽度発達障害にはもっとも有効です。軽度発達障害から生じる問題行動の解決には、子どもの「心の理解」を促すのではなく具体的な行動変容を試みるという発想の転換が必要です。

原因追求ではなく問題の外在化へ

行動療法と聞くとパブロフの犬の実験を思いだす人はいませんか? 犬に餌を与えると同時にベル音を聞かせ、音だけでも唾液を分泌させる条件付けの実験です。この実験から現在の学習理論や行動療法の理論が発展しました。私は行動療法という言葉からすぐにこの実験を連想します。そのため学習理論や行動療法にあまりよい印象をもっていなかったのです。

さらに、私が大学生のときに見学した自閉症の訓練も行動療法への抵抗を強くしました。それは、三方を囲まれたブースの中で自閉症児が手作業を行う訓練でした。手作業の内容や、その報酬が何だったか今は思い出せないのですが、ひとつの作業が終わると、ブースの正面の小さな穴からチップかお菓子が差し出されました。子どもはそれにつられて次の作業の指示に従います。確実にできることが増えていくのですが、人とのかかわりがない冷たさと、子どもを動物のように扱うことに抵抗を覚えました。

それから三〇年以上経ち、現在は行動変容理論を基礎にしたペアレント・トレーニングに従事しています。この心境の変化は、発達臨床の実践を通して少しずつ生じたのです。

■障害として問題を外在化する

ＬＤを疑って相談室に来所した中学生の事例です。その子どもは小さい頃から怪我や事故が多く、母親にとって育てにくい子どもでした。いくら教えても物をていねいに扱えず、自転車を買い与えても三日で壊してしまいます。勉強は嫌いで、いつもほかの子どもとけんかをして、母親は学校に呼び出され、他の保護者に謝り、この子を産んでよかった思えたことがなかったといいます。

その子が学校をサボるようになって、一日中、家にいて退屈し、小学校五年生の弟が帰ってくると、ファミコンのゲームをつき合わせるのです。弟は兄とはまるで正反対で素直で成績もよく、進学校で名高い私立中学を目指して勉強しています。しかし、兄の相手で受験勉強のほうがおろそかになっていました。

弟の存在は母親にとって救いでした。自分にもちゃんと子育てができるという証だったからです。私立中学に進めば親族もきっと母親としての自分を認めてくれると思って、それに賭けていたのです。兄の存在は邪魔でした。どこか不登校の子どもを預かってくれるところはないかと探し、民間のある寄宿制の施設を見つけました。入寮を相談したところ、とりあえず私たちの相談室に行くことを勧められたといいます。ＬＤの特集記事を読んで、うちの子どもにそっくりだと母親が思うようになったと話したからです。

母親は兄を寮に入れることができなくても、せめて検査を受けてＬＤと診断されることを望んでいました。子育ての難しさはそのせいだったと思いたかったのです。子どもに「障害」のレッテルをあえて貼ろうとしたのは、そうでもしないと母親の自信を保つことができなかったからでしょう。今となれば、私はこの母親の気持ちが理解できます。

しかし、弟のことばかり気にする母親に兄に対する愛情を微塵も感じることができず、私は母親に嫌悪感を抱きました。反面、親がいないと素直に語るこの中学生に同情しました。「(自分の心は) 壊れたラジオのようだ。ザーザーいっている」と、自分の気持ちを語る子どもでした。どこかで聞いた歌詞のようだと思いつつも、カウンセリングが有効なケースでないかと思ったのです。ＷＩＳＣの結果は明らかに動作性ＩＱが言語性ＩＱよりも劣っていて、ＬＤの可能性を示唆していました。その結果を母親に伝えながらも、カウンセリングでやっていきましょうと提案したのです。

母親はおそらくそのとき、「お母さんが心配していらしたようにＬＤですね」という私の一言がほしかったのでしょう。しかし私の提案は、暗に「本人にカウンセリングをしますから、あなたも母親としてこの子を愛してください」というメッセージだったのです。結局一年の面接を通して子どもはよい方向へ変化しましたが、家族は離散する結果となってしまいました。

子どもの問題が自分の育て方だと思っている親にとって、子どもの障害がわかることは一種の福音となることがあります。それは自分自身や子どもの性格に原因を求めなくてもよくなるからです。自己の内面に向かう自責や罪悪感から解き放たれるので、障害の認識は問題を外在化させるといえます。この事例においても、そうしたほうがよかったと、今は悔やまれます。おそらく母親は救われた気持ちになり、その気持ちのゆとりから兄に対する愛情を取り戻せたかもしれないからです。

■行動として問題を外在化する

障害の認識と同様に、行動だけに注目する行動変容や行動療法の方法も、適度な外在化をもたらします。子ども自身の性格などの内面に原因を求めないからです。割り切って行動だけを対象に問題解決を進めることで、母親の気持ちは楽になるようです。ペアレント・トレーニングに参加した母親の感想文には、そのことが次のように表現されています。

▼心も体も疲れきっていたのが、ペアレント・トレーニングに参加することにより、子どものことを理解でき、親子関係をもう一度見直す余裕ができました。（九歳男児の母親）

▼「ほめることを習慣に」を心がけていると、今まで気づかなかった息子の努力が見えてきた。（八歳男児の母親）

▼ＡＤＨＤの特性までは変えることはできないが、子どもとの接点を見極めるのに役立ちました。（六歳男児の母親）

▼これまで相談したところでは、親としてあるべきことの能書きばかりでつらかった。ペアレント・トレーニングでは、現実に目を向けた適切な対処法が聞けて、

親子とも楽になりました。（九歳と一一歳の男児の母親）

軽度発達障害がきっかけで起きる問題行動は、どれもまわりの人々を巻き込み、お互いの関係を悪化させます。親子が、夫婦が、また家族と保育士や教師が、原因を押し付け合います。そういう葛藤の中で親は子への愛情を失ってはいけないと思いつつ子どもを愛せなくなるのでしょう。原因追求の問題点は、愛情をもたなければならないと思えば思うほど、それだけ子どもが疎《うと》ましくなってしまうという悪循環です。事例のように、こじれた親子関係を改善するには、行動だけを見て、行動を変えていくという行動変容の手法が、かえって親子のよりよい感情の交流を取り戻す確実でかつ早道なのです。

問題行動への具体的な対応

これから説明する対応は行動変容理論に基づいています。原理はいたってシンプルです。望ましい行動には肯定的な注目を与えて増やします。つまりほめることで適切な行動を身につけさせます。こまった行動にはその行動への否定的な注目をとり去り、こまった行動が持続しないようにします。また危険な行動には制限を与えて減らしていくという考え方です。大切なことは、どの対応方法をとるときも、子どもが適切な行動をとった場合には肯定的な注目を与えることです。「子どもはほめて育てよ」とはどの育児書にも書いてあることですが、その具体的な方法はあまり書いてありません。軽度発達障害をもつ子どもたちは、ほめられるよりもしかられる行動がはるかに多く、ほめるということは単純なようでとても難しいのです。

説明をわかりやすくするため保育園での幼児の例をあげて、できるだけ具体的にその方法や手段を説明します。この例を通して担当の保育士や同僚が、子どもの問題行動を改善していく具体的な手順について述べたいと思います。

手順① 問題を行動のレベルでとらえる

〈問題をレッテルとしてあげる〉

問題行動解決の最初の手順は、「**問題を行動のレベルでとらえる**」ことです。まず、対応が必要な子どもの問題を挙げてみます。たとえば「ほかの子どもに乱暴をする」とか「順番を待っていられない」、「言われたことをやりたがらない」というようなことです。これは子どもの行動のように思えますが、まだ対応策を考えるには十分に具体的ではありません。すでに述べました「すぐカッとなる・キレやすい」のように、背景が異なる問題行動につけられたレッテルのようなものです。

〈具体的な問題行動のイメージを思い出す〉

より具体的にするために問題と関連する行動が、ここ一週間以内に起きた場面を思い出します。しかし、思い出そうとしてもなかなか見つからないものです。そのときのヒントは、現時点から過去へ少しずつさかのぼって思い出していきます。たとえば「今日の午後、それにあたるようなことで、何があったのだろうか」と考えて、思い当たる問題行動がなければ、「午前中はどうだったただろう?」というように思い出していきます。そうすると必ず具体的な問題行動のイメージが浮かんできます。

〈イメージを記録として整理する〉

その具体的な問題行動のイメージが浮かんだら、それを記録として整理していきます。その出来事がおきた日時、場所、かかわった人々を、**表1**「問題行動の記録」のように「日時と場所」と「問題行動」のそれぞれの欄に整理して記入します。そうすると同じ「言われたことをやりたがらない」と思っていた問題が、いくつかの異なる問題行動であることがわかります。たとえば表には次のような二つの問題行動が記入されています。

日時と場所	前の出来事	問題行動	後の出来事
6月20日、お昼寝の時間。	パジャマに着替えても、布団に入らないで、部屋から出て行こうとする。	布団に寝かせるが、なかなか寝ようとしないで、保育士が離れると起き上がってしまう。	担当保育士が戻ってそばにいると、一応布団の上にいる。しばらくして、部屋の隅で音を立てないように遊ばせた。
同日、お帰りのとき。	他の子どもが遊んでいる横で、その玩具（木製の汽車、一昨日購入したもの）を《欲しいのを我慢して》見ていたが、その子が離した隙にそれを手に持った。	母親が迎えに来ても、遊んでいた玩具を持って帰りたがってなかなか手から離そうとしなかった。	母親が無理に取り上げ、叱りつけながら手を引っ張って抱き上げた。本児は泣いていた。

表1　問題行動の記録

日時と場所：六月二〇日お昼寝の時間
問題行動：布団に寝かせるが、なかなか寝ようとしないで、保育士が離れると起き上がってしまう。
日時と場所：同日お帰りのとき
問題行動：母親が迎えに来ても、遊んでいた玩具を持って帰りたがってなかなか手から離そうとしなかった。

これが「言われたことをやりたがらない」という問題の中身です。それぞれの問題行動には異なる背景があると思いませんか？

〈問題行動の直前と直後の状況を記録として整理する〉

次に、それぞれの問題行動の直前と直後の状況を思い出します。それをできるだけ具体的に表「問題行動の記録」の「前の出来事」「後の出来事」の欄に整理します。最初のお昼寝の時間では、前の出来事として「パジャマに着替えても、布団に入らないで、部屋から出ていこうとする」、問題行動の後の出来事として「担当の保育者が戻ってそばにいると、一応布団の上にいる。しばらくして、部屋の隅で音を立てないように遊ばせた」という記録となります。記録のなかには、対応のためのヒントがたくさん隠されています。

ところで、すべての問題をこの表1のように整理するのは大変だと思われるかもしれません。実際に問題行動の具体的な対応に取り組むときは、こまっていることすべてをこのように整理するのではなく、問題としてとりあげることはひとつだけに絞ります。たとえば、この例では三つの問題のうち「ほかの子どもに乱暴をする」とか「順番を待っていられない」は後回しにして、「言われたことをやりたがらない」だけを選んでいます。

〈問題行動を整理する際のヒント――「具体性の原則」と「外在化の原則」〉

問題を行動として見るときのヒントは、行動とは「見える」「聞こえる」「数えられる」ものです。「言われたことをやりたがらない」というのは行動のようですが、「見える」ものでも「聞こえるもの」でもありません。しかし「なかなか寝ないで起きている」ということだったら、その姿は「見える」ものです。行動といえるかどうかは「見える」「聞こえる」「数えられる」という三つの観点がチェックのポイントとなります。

さらに問題行動を表のように整理するときに、絶対にしてはいけないことは「なぜだろう」と理由や動機を考えないことです。「どうしてこの子はそうするのか」と考えると、「この子はどうしてそういう気持ちになってしまうのだろう」と子どもの気持ちの理解や共感へと方向が変わってしまいます。子どもの心に共感することは日ごろの指導では大切ですが、具体的な対応を考えるときには障害となります。

「なぜ」とは考えずに、「いつ」「どこで」「だれと」「どういうふうに」と具体的な行動だけを取り上げます。これらのことを**具体性の原則**とよびます。

同じような理由で、子どもや保育士の気持ちや感情と思える事柄は記録しないか（　）にいれて記載します。たとえば、子どもの問題行動に対して「どうしたらいいか迷った」と保育士が思ったとしても、それは記録しないか、そこだけを《どうしたらいいか迷った》と括弧に入れて心の中のこととわかるように記載します。

心理学的には気持ちや感情も行動の一部と考えることができますが、ここでは気持ちや感情は行動の内面にあるもので行動とは考えません。気持ちや感情に注意を向けると「もう少し経験をつまなければ」とか、「自分はすぐにあせりやすいから」と担当者自身に問題がすり替わってしまいます。これは前に述べたことですが、せっかく「行動として問題を外在化」しようとしているのに、保育士の資質や能力への原因追求型のアプローチとなってしまうからです。これらを**外在化の原則**と呼びます。

記録を整理する上では、必ず具体性の原則と外在化の原則が大切です。必ずこの原則を守りましょう。

手順② ターゲット行動を見つける

二番目の手順として、記録した表「問題行動の記録」の中から具体的な対応のターゲット行動を見つけます。「問題行動」がイコール「ターゲット行動」ではありません。問題行動と反対の行動がターゲット行動となります。つまりこまる行動の反対の行動を増やすことによって、減らさなくてはいけない問題行動が少なくなっていくという原理を使って対応します。

〈問題行動と反対の行動の頻度を調べる〉

問題行動の反対の行動を仮にターゲット行動として、それが実際に起きる頻度を調べます。その行動が頻繁に起きるならそれはターゲット行動として適切です。しかし、そのターゲット行動の頻度が少ない場合は、ほめるチャンスが少ないためにその行動を増やすことができません。その場合はターゲット行動としては適当ではありません。

反対の行動が見つからない場合は、**表1**の中の「前の出来事」「後の出来事」の中にターゲット行動を見つけるほうがいいことがあります。

たとえば、お昼寝をしないという問題行動を例に取り上げて考えてみましょう。

「お昼寝をしない」というのを減らしたいとすれば、その反対のターゲット行動は「お昼寝をする」となります。まず、この子がこれまでお昼寝をした回数を調べてみます。しかし、すぐにこれは取り組みが無理なターゲット行動だとわかりました。なぜならその子どもは昼間の覚醒状態が異常に高く、これまで一度も保育園でお昼寝をしたことがないからです。

だとするとこの問題行動にはなすすべがないということになります。しかし、すでに述べましたが、軽度発達障害の場合は現状の維持が大切です。加齢とともに関心が広がり、また活動能力が向上するために、子どもの問題行動はエスカレートしていくからです。この子どもの場合、お昼寝に関して現状でできていることのなかからターゲット行動を見つけることが大切になります。そうしないとお昼寝の時間の逸脱行動をそのうち抑えることができなくなります。

表1「問題行動の記録」のお昼寝の段の「前の出来事」として記載された「パジャマに着替えても、布団に入らないで、部屋から出て行こうとする」、あるいは「後の出来事」として記載された「担当保育士が戻ってそばにいると、一応布団の上にいる。しばらくして部屋の隅で音を立てないように遊ばせた」のなかにターゲット行動を見つけるヒントがあります。

今、この子どもができていることは何でしょうか。「パジャマに着替える」、「ある程度の時間は布団の上にいられる」、「保育士と一緒なら静かに遊ぶ」という行動は、この子がやっと身につけた適切な行動です。パジャマに着替えなければお昼寝の時間の逸脱はもっとひどくなるでしょう。また、静かに遊べないと他の子どもを起こしてしまいます。お昼寝ができるという行動をターゲット行動にできなくても、これらの行動を持続させるために、このなかからターゲット行動を決めてそれをほめていくことが大切なことがわかります（表2参照）。

すでにできるようになった行動はつい見逃しがちです。しかし、肯定的な注目を与えるターゲット行動としては、今できていることを見つけることが基本になります。

〈問題行動の反対の行動と類似あるいは関連する行動を見つける〉

では、表1「問題行動の記録」の二段目の「母親が迎えに来ても、遊んでいた玩具を持って帰りたがってなかなか手から離そうとしなかった」という問題行動では、どんな行動をターゲットとすればいいでしょうか。この場合も、問題行動の前後の出来事に何かターゲット行動を見つけるヒントがないか探します。この場合はなかなか見つかりません。

「減らしたい」ターゲット行動	「増やしたい」ターゲット行動	これまでの対応	これからの対応
お昼寝をしない。	反対の行動は見つからない。これまでにできるようになった次の行動をターゲット行動にする。 ①パジャマに着替える。 ②保育士と一緒に静かに遊ぶ。	手のあいている保育士が相手をする。	これまでどおり、静かな遊びをする。
帰りに玩具を放さない。	①友達に玩具をわたす。 ②お片づけを保育士が一緒ならどんどんやる。 ③自分のカバンを自分のところにしまえる。	「増やしたい」ターゲット行動との関係をあまり考えてなかったので、そのときそのときでほめたりほめなかったりしていた。	担当保育士や他の先生も、3つの「増やしたい」ターゲット行動を見たときには、必ずほめる（肯定的注目）を与える。

表2　ターゲット行動と対応

問題行動やその前後の出来事のなかから問題行動の反対の行動を見つけることが難しいときは、子どもの日常の行動を観察したり、思い出して見ると適切なターゲット行動が見つかるときがあります。その際に意識しておかなければならないことがいくつかあります。それは次の事柄です。

①問題行動が起きた場面あるいは問題行動と似たことが起きる場面を観察する。

②その場面で子どもができていることは何かを探す。

③問題行動の反対の行動と類似あるいは関連する行動を見つける。

ところで「前の出来事」の欄に記載された「他の子どもが遊んでいる横で、その玩具（木製の汽車、一昨日購入したもの）を《欲しいのを我慢して》見ていたが、その子が離した隙《すき》にそれを手に持った」は、実は最初は「その玩具を我慢して見ていたが、やっと遊べた」となっていました。この記載は外在化の原則に反しています。担当の保育士が「なぜだろう」と考えながら、問題行動の前の出来事を思い出して、子どもや保育士自身の気持ちをこめて書いています。表のように「欲しいのを我慢して」は括弧つきとなり「やっと遊べた」は別の表現に書き換えられています。

このように書き換えるときに、保育士は子どもがすぐに他の子の玩具を取り上げなくなっていることに気づきました。そこで他の遊びの時間のようすを思い出して、子どもが我慢していたと思える行動を捜しました。保育士に促されるとほとんどの場合取り上げた玩具を返せること、玩具の片づけを保育士と一緒にできるようになったことを見つけました。また片付けに関連して、他の子どもと自分の物の区別がつきにくいけど、自分のカバンは自分の棚にしまえるようになったことを思い出しました。このことをほめてあげれば、きっと園の玩具を決められたおもちゃ箱に自分から片付けることに結びつくのではないかと考えました。

そこで①友達に玩具をわたす、②お片づけを保育士が一緒ならどんどんやる、③自分のカバンを自分のところにしまえる、この三つの行動を肯定的注目のターゲット行動として、ほかの保育士にも協力してもらってほめることにしました。

〈ターゲット行動は自分ができること――自己関与の原則〉

次に、担当の保育士はその週のお帰りの時間がどうだったかを考えてみました。お帰りのときに遊んでいても、遊ぶのをやめてすぐに帰ることができるときもありました。たいがいそのときは母親が時間通りにお迎えにきて、母親も気持ちが穏やかなときです。帰りたがらずにぐずるのは、母親があせっていて子どもが遊び終わるのを待てないときのように思えました。

そこで保育士は母親にも、「早く迎えに来てもらえると、お帰りのときにぐずらない」「遅く迎えに来てもあせらずにお帰りの支度を待ってください」と伝えて母親に協力してもらいたくなりました。連絡帳に「お帰りのとき○○ちゃんが素直に従ったらほめてあげてください」と、お母さん向けのターゲット行動として書きたくなったのです。とてもいい考えですが、この段階では時期尚早です。この段階では、子どもが園に来てから園を去るまでの間、保育士が直接にかかわれ、保育士自身の行動でコントロールできることをターゲット行動とします。これを**自己関与の原則**と呼びます。

母親の職場の事情やそれが影響して起きる母親の気持ちには、保育士は直接にかかわることができません。かかわるとしたら保育士の要望を伝えることくらいです。しかし、母親は軽度発達障害をもつ子どもの子育てに疲れて果てているかもしれません。あるいは、やっとの思いで子どもをここまで育てたと一安心している時期なのかもしれません。その母親の状況が理解できずに、園の指導に協力を求めるのは危険でしょう。

〈肯定的な注目の与え方〉

ほめるときには、まずタイミングよく、即座にほめることがポイントです。子どもは後でほめられてもどの行動をほめられたか理解できないことがあります。また行動をできるだけ具体的に言葉にしてほめるのがいいでしょう。たとえば、「着替えができたね」と言うだけでなくて、「靴下を自分ではいたね」と言えば、自分が靴下をはいていることをほめられたことがいっそうよく理解できます。そのとき長い言葉かけよりも短い言葉でいいのです。

そして、決して批判・コメントはしないことです。たとえば「靴下を自分ではいたね、いつも自分でできるといいのにね」とつい言ってしまうことがあります。これは、ほめながら無意識にいつもはできていないことを指摘しています。これではほめられた子どもは、ほめられたというよりも「あ、ボクはいつもできないいんだな」というネガティブな気持ちになってしまいます。また、ほめるときには、近くによって、目を見て、声を明るくし、表情を豊かにして、動作を含めてほめます。

これまで「ほめる」とか「肯定的な注目を与える」という表現を同じような意味で用いてきました。一般に「ほめる」というと、「いい子だ」とか「えらいね」とか「よくやったね」と言葉でほめそやす感じがあります。肯定的注目を与えるのはそれとは少しちがって、「あなたが今こういうことをしていることに気がついていますよ」というメッセージを伝えることです。それには①気づく、②ほめる、③感謝する、④励ますことが含まれます。

この中で一番忘れられがちなのが、①の気づくということです。これは言葉を発せずとも、子どもと視線を合わせるだけでもできます。あらためてほめようとすると照れてしまう人も、単に視線を子どもと交じりあわせるだけならできるでしょう。しかし、このことは簡単なようで意外と難しいのです。というのも、このメッセージが有効に働くには互いの視線がタイミングよく合うことが大切です。

タイミングよく注目を与えるためには、漠然とほめようと考えていてもだめです。その行動が起きたらすぐに肯定的注目を与えなければなりません。そのためには、ほめるターゲット行動がいつ起きるかを予測しておき、具体的にどうほめるかも考えておかなければいけません。

〈子どもの性格や障害の特徴にあわせて肯定的な注目を与える〉

注意しなくてはいけないことは、軽度発達障害をもつ子どもの場合には、ほめられることが好きな子もいますが、あまりかかわられるのが好きでない子もいます。たとえば、みんなと一緒にビーズ通しなどをして何かを作っているときに、「あぁ、上手にできたね」と言われて、たいていの子どもは「あぁ、こんなにできた！」と喜びながら先生に見せます。しかし、広汎性発達障害などの問題をもっている子どもは、途中で干渉されることを嫌がります。それではほめる行為が逆にその適切な行動を止めさせることになってしまうこともあります。その子に日頃接したときの経験を通して、その子に対する一番適切なほめ方を見つけることが必要です。

〈集団で肯定的な注目を与えるときの工夫〉

また、集団でほめる場合にも工夫がいります。一人の子どもだけをほめると他の子もほめてもらいたくなります。とくに特定の子どもがごく当たり前のことをしているのにほめられるのを見ると、他の子も自分をアピールするために「先生、イスに座れたよ！」などと言ってほめてもらおうとしだします。これでは集団の指導がとてもややこしいことになってしまいます。これが保育園、幼稚園、学校などの集団の場の難しいところでしょう。ですから、そのときは視線でほめたり、さり気なく頭をなでてあげたり、ほかの子に気づかれないようにほめる工夫が必要です。

あるいは、特別な対応が必要な子どものターゲット行動を、クラス全体のターゲット行動にする方法があります。たとえば「イスに座ってお話を聞きましょう」をクラス全体の目標にします。その子どもが椅子に座っていられるかどうかを確認して、座っているときにはその子どもに肯定的な注目を与えます。そして、その日のお帰りの時間に「今日はみんながイスに座れて、とてもいい子だったから、みんなの一番好きな絵本を読みましょう。それがごほうびですよ」と、クラス全体にごほうびをあげます。そうすることで子どもたちは不公平感をもたず、その特定の子どもができたことを素直によろこぶようになります。

〈スモールステップの原則〉

問題行動の反対の行動、あるいはそれに関連する望ましい行動は、適切な行動でなければならないと思われがちです。しかし、実際にはそれほど適切な行動が問題行動の反対の行動として見つからないことも多いのです。たとえば、何かが欲しいと泣いて保育士に要求していたのが、ぐずり声で訴えてくるようになったとします。行為の適切さだけに注意していると、「ぐずりながら要求するのはいけないことだから、『ぐずらずに話しなさい』と励ます」という対処の仕方になります。

しかし、それは泣いて欲求をとおそうとしていたけれども、泣かずに我慢できたという小さな進歩です。小さな進歩であればそれも肯定的な注目を与えるターゲット行動になると考えると対応の仕方が変わります。たとえば「ぐずりながらでも訴えているときは、担当保育士が励ますだけでなく、本児のほうにきちんと身体を向けて、しっかりと子どもの目を見て、話を聞いてあげる」という対処方法になります。これは子どものぐずりに対して肯定的な注目を与えていますが、それが小さくても以前の行動よりも進歩していると考えられるからです。

このように小さな進歩を見落とさず、それも「ほめる」ためのターゲット行動と考えることを**スモールステップの原則**と呼びます。

〈ターゲット行動と対処方法の表を作る〉

手順②でターゲット行動とその対処方法が決まったら、**表2**「ターゲット行動と対応」のように整理して、毎日の保育でターゲット行動を繰り返し確認し、肯定的な注目を与え続けます。その際、担当保育士が対応する行動、ほかの同僚が対応する行動、全員で対応する行動を分類し、ターゲット行動へ肯定的注目を与える担当を明確にします。そうすることで、子どもの問題を園全体で取り組む体制が整っていきます。表1「問題行動の記録」や表2「ターゲット行動と対応」は、そのための話し合いや会議の具体的な資料として使います。

手順③　記録をつけ、対処の成果を調べ、新たな問題へと進む

手順③では、手順②で決めたターゲット行動への対応と、問題行動について一カ月ほど記録をつけます。これはどれくらい問題行動が減ってきたかを確認し、手順②で決めたターゲット行動とその対処方法が適切であったかどうかを判断するための資料です。

もし、うまく問題行動が減っていればそれを続けてもいいし、手順①に戻って新たな問題行動とターゲット行動に取り組んでもいいでしょう。この際、ひとつの問題行動が解決してから、次へと進むことが大切です。また、うまくいったからといって、一気にターゲット行動を増やしてはいけません。小さなことをコツコツと積み重ねていく心構えが必要です。

もし問題行動が減らないようであったら、ターゲット行動の選択、あるいはそれに対する対応のしかた、つまり肯定的な注目の与え方が妥当であったかどうかを検

討します。それが妥当でなければ、もう一度ターゲット行動の選択と対応のしかたを考え直します。

■行動を三つに分けて考える

以上、問題行動の反対の行動、あるいはそれに類似または関連する望ましい行動を増やす方法について説明しました。肯定的な注目を与えることで以前よりも格段に適切な行動が多くなります。しかし、それでも減らない問題行動もあります。三番目の手順では、子どもの行動を三つに分けて子どもの問題行動全体を整理します。その三つの行動は、①「増やしたい行動」②「減らしたい行動」③「制限が必要な行動」です。

増やしたい行動は、すでに説明したことと重複しますが、今までほめる必要もないと思っていた当たり前にできることで、子どもに続けさせたい行動です。その対処方法は肯定的な注目を与える、つまりほめることです。

〈減らしたい行動——注目すると持続する行動〉

「減らしたい行動」の一つは、大人の注目をひくためにわざとする行動です。たとえば、買って欲しいものをぐずって要求するような行動です。子どもが高価な物をねだるときに、親はつい「どうしてそれが欲しいの」と聞きます。すると子どもは「だって、みんなが持ってるもん」と言い、それに親が「みんなってだれだ」とたずねると、「クラスのみんなだよ」と子が答えるというような無駄な対話が続きます。このようなやり取りは、親が子どもに否定的な注目を与えている限り際限なく続きます。

この悪い連鎖を断ち切るために、注目すると持続する問題行動には、「無視とほめる」という対処方法を使います。一般に無視というのはあまりよくない態度とされますが、相手へのネガティブな感情がなければ、減らしたい行動への対処として有効です。すなわちここでの**無視とは問題行動を持続させている否定的注目を取り去ること**です。

しかし、いかに冷静に行動を無視したとしても、それだけでは子どもは意地悪をされたとか嫌われたというふうにしかとりません。そこで、無視の後に適切な行動が出たときに必ず肯定的注目を与える用意をしておかなければなりません。そのときに役立つのがスモールステップの原則です。問題行動に「無視とほめる」で対応することにしたら、無視の対象となる行動よりも少しでも適切な行動をターゲット行動としてあらかじめ決めておきます。そして、無視の後にそのターゲット行動が現れたらすぐに肯定的注目を与えます。

たとえば、子どもがぐずりながら要求するのを減らしたかったら、その行動が現れたらすぐに無視をはじめます。そして子どもが普通の声に戻ったときに、増やしたい行動に対処したときのようにさりげない肯定的な注目を与えて応じます。すなわち、穏やかな気持ちになって、子どもに近づいて、冷静に「何が欲しいかもう一度話してくれる」というように話しかけます。

否定的な注目を取り去り肯定的な注目を与える、つまり無視とほめることを組み合わせて問題行動に対処するときには、この①**穏やかに**、②**近づいて**、③**冷静に**の三拍子そろった対応が肝心です。

〈減らしたい行動——無視が有効でない行動〉

減らしたい行動の中には、否定的注目を与えなくても続いてしまう問題行動があります。それには前述の対応は効果がありません。

減らしたい行動の中で「無視」が有効でないのは、①まだ身についていない行動、②無視すると続く行動、③こだわり行動の三種類です。

①のまだ身についていない行動とは、三歳の子が兄の真似をして母親に悪態をつくのがその例でしょう。単に年上の子の真似をしているだけで、悪口を言うのが悪いとまだわかっていません。一般にまだ身についていない行動は正しい行動を教えることからはじめます。つまり、悪態をつく子に対してはちゃんとした話し方や、人がよろこぶような言葉や表現を言ったときに、「あぁ、いいことを言うね」と伝

えて適切な行動を増やしていきます。そして、子どもが集中して聞けるときに「○○という言葉は使ってはいけないんだよ」と冷静に教えます。何度も教えることによって正しい行動を身につけさせていきます。

〈無視すると持続する行動〉

②の無視をすると続く行動は、たとえばテレビを見てよいと約束した時間が過ぎても、テレビを見続けている場合です。当然のことですが、これは黙っていればずっと続きます。これに対しては約束を守らせるためには指示と制限を使います。指示とは、たとえばテレビ消しなさいと言っても子どもが消さない場合、「五分間後にもう一度テレビを消しなさいと言うから、そのときに消しなさい。いいですね」と子どもがやるべきことをはっきりと宣言することです。そのときには「無視とほめる」で対応したときと同じように、「穏やかに、近づいて、冷静に」の三拍子そろった毅然とした態度が大切です。

それでも子どもがテレビを消さなかったときには、次回から制限を与えることを宣言します。まず「じゃあ、来週の○○の番組は最初の五分間はテレビをつけませんからね」と約束をします。そのときには**問題行動と関連のある小さな制限**を決めます。この場合、テレビを見る時間の違反なので、それに関連のあることとして子どもが好きなドラマやアニメの時間を減らすことで対応します。最初の五分という短い時間が小さな制限にあたります。この小さな制限は子どもにとっては我慢できる範囲と感じられるけど、実際にその制限が実行されると効果的であることが大切です。

子どもは宣言されたときは軽く承諾しますが、一度経験すると懲りるほどの効果があります。テレビの前半の五分はその後の筋に大きくかかわる内容が多く、テレビを見ていて後悔します。後半の五分とか十分も次回の予告が見られないので、子どもにとっては効果がある制限となります。

このように制限を与えるときに問題行動と関連がわかりやすいことを選ぶのは、自分がしたことの責任を取るという意味を子どもに理解させるためです。また子どもが軽い気持ちで受け入れられるくらいに些細な制限を選ぶのは、子どもに対する過酷な体罰などとちがって大人が気兼ねなく実行できるからです。

〈こだわり行動〉

最後の③のこだわり行動については、自閉性の障害のこだわりがその典型的な例です。この行動への対応はとても難しいといえます。しかし、自然に変化するのを待つと、だんだんとそのこだわりが適応的な行動に変化することも多いのです。

どうしても減らしたい場合は、状況や環境を調整し、その行動自体が起きないように工夫をします。たとえば、朝、保育園に来たときに、必ず玄関の散水用の蛇口をあけて洋服を濡らしてしまう子がいるとします。その行動がこだわりで起きている場合は、その朝の時間だけでもその水道の元栓を止めるか、その子のクラスの出入り口として水道栓のない別の昇降口を使うなどで対応します。このように物理的にその行動が起きないようにすることが、こだわり行動への環境調整です。

〈許しがたい行動〉

最後に「許しがたい行動」について説明します。人によって許しがたいことはちがいますが、ここでは①自分を傷つける、②他人を傷つける、③大切なものを壊す、④いくら工夫してもなくならないことの四つです。それ以外はできるだけ「減らしたい行動」として対処します。

これらの許しがたい行動は、問題行動へ取り組みはじめた当初はたくさんあります。しかし手順①や手順②で取り組むうちにどんどんと減ってきます。まずは肯定的注目を与えて適正な行動を増やしていくことが大切です。

それでも許しがたい行動がどうしても生じるときは次のように対応します。事前に子どもと話し合って、その行動が起きそうなときにそれを制止するための言葉かけや合図を決めておきます。その行動が起きてしまったときには、身体的に保護や拘束をすることを了解しておきます。起きそうになったら子どもが冷静に戻れるように合図をします。子どもが自分を抑えられたらそのことをほめます。その行動が起きてしまったときには、身体を拘束あるいは保護し、落ち着いた段階でやってしまったことに対する責任としての制限を与えます。

制限は先に説明したように、問題行動と関連のある小さな制限であることが大切です。なお、制限は頻繁に使っては効果がありません。

手順④ 保護者と連携する

最後の手順ですが、これまでの問題行動への具体的な対応が軌道にのったら、家族や保護者と連携して問題行動をなくすことを考えます。そのために、まず、ある程度成果があがった段階で、これまでやってきた対応と成果について保護者に説明をします。そのときには肯定的な表現で伝えることが大切です。たとえば、「友だちの玩具を取り上げないようにしたくて…」という表現ではなく、「友だちと一緒に玩具で遊ぶときに、仲良くできるようにしたくて…」という肯定的な表現を用います。

同じことを述べているようでも、否定的な表現では、保護者は子どもの問題を指摘されているように感じます。反面、肯定的な表現は園や保育士の積極的で前向きな姿勢が伝わります。とくに保護者との信頼関係ができにくい家族や、家族が障害を認識するのに抵抗があるときには、この配慮はぜひ必要です。

そして、「増やしたい行動」のターゲット行動が園でできたときには、「連絡帳にできたことを記入するので、お家でもほめてあげてください」と保護者に協力をお願いします。家族との協力がスムーズに行く場合は、園と家庭で共通のターゲット行動を選び、連絡帳か連絡カードで記録表をつくります。ターゲット行動ができるたびに、園と家庭でその記録表に◯をつけたりシールを貼ったりします。そのとき、その行動ができるようになっていることを園でも家庭でもほめ、そのターゲット行動を持続させ増やしていきます。

■家族と協力して申し送りの資料を作る

せっかくできた家族との信頼関係を利用して、できれば子どもが次の教育機関へ移行する時に役立つ資料を作りたいものです。そこで、保育士や教師がやらなくてはいけないことは、自分が取り組んだ記録をふりかえって、この子が新しい環境になったら後戻りしそうな問題行動を選びます。それを土台にして申し送りのための資料をつくります。いわば「私たちのこういう取り組みで、子どもがこう変わりました。小学校にあがって、もしもこれと同じようなことが起きたら、こういう取り組みを試みてください」という一覧表を作るのです。これは、保育園・幼稚園、小学校、中学校あるいは子どもが転校するときにとても助けになります。

そのような申し送りの記録資料を、親と小学校の先生と協力して作ったことがあります。最初の列に「予想される問題行動」を列挙し、その横の列に以前のその行動がおきていた状況、またその隣の列にそれへの取り組みの方法とその成果を書きます。親がそれを一生懸命ワープロで打って、学校の先生と相談して、学校の先生が取り組みのところを記入し、それをまた親が打つという手間のかかったものでしたが、この作業は家族と教師の絆をいっそう強いものにしたと思います。資料があまり多いと読むのも大変なので、結局、最後に作ったものはA３一枚の資料でした。二つ折りの用紙を開けば一覧できるようになっていました。

このように、その子を支えるためのマニュアルみたいなものを保育園で作ってみるといいと思います。その資料をお母さんに預け、必要に応じて小学校の先生に見せるようにと提案をするのはどうでしょうか。小学校の先生も何か問題が起きたときにそれを見て対応の参考にできます。

しかし、就学の際には家族のニーズは微妙な状態です。園から学校へと変わる際に、子どもの問題行動や障害があることは内緒にしたい、あるいは一旦そのことをリセットしたいという感覚もあると思います。親としては、ここまで成長したのだから、就学したら障害としてではなくて、普通にあつかってもらいたいという気持ちがあるでしょう。そういうふうに思っている家族にこの提案は受け入れにくいものです。

家族への提案は家族の心情を汲んで慎重に行われなければなりません。ただ、親もこれまでの取り組みの努力を共有していれば、「やっぱり、小学校にあがっても同じような問題がおきますよね。前々から予防しておくことは大事ですよね。先生からいただいたものを利用させてもらうかもしれません」と言ってくれるでしょう。

家族を相談・医療機関につなぐために

障害の疑いがあると、私たちは家族を相談・医療機関に行かせたくなります。そのため、保護者に子どもの問題を列挙して相談や受診を勧めがちです。けれども、それでは保護者の抵抗にあったり、信頼を失ったりします。まず私たちがしなければいけないことは、保育士や教師が実際に問題行動に取り組んでいる成果を見せることです。すなわち、これまで述べてきたような具体的な努力によって家族との信頼関係がしだいにできます。

具体的な対応の成果があがるまであせってはいけません。また取り組みの成果をくり返し保護者に説明するには時間がかかります。保護者と障害の話ができるには、

「この子に何か障害ある」と思ってから半年も一年もかかるかもしれません。しかし、この地道な取り組みが家族を相談機関や病院につなぐためには確実で早道なのです。もし自分が担当している間に親がこの提案を受けいれられなくてもがっかりすることはありません。あなたとの信頼関係が確立していれば、保護者はほかの専門家の勧めに従って、いずれ子どもの診断を求めて受診するときがきます。

私たち専門家は、自分一人で家族を支援していると思わなくていいのです。一年間その子を担当し、その後は次の人にバトンタッチしていきます。上手にバトンタッチするには、リレーで自分が走る区間、つまり担任をしている間に最善をつくせばいいのです。リレーのときにバトンをしっかりと握るように、家族との信頼関係を築き維持していくことが大事です。自分が受けもっている間に劇的なことを起こそうなどと思ってはいけません。自分の能力でできる範囲のゴールを設定し、そこに向けて走りつづければいいのです。

おわりに——軽度発達障害と障害の受容

発達障害をもつ子どもの家族を支援するとき、それぞれの家族の「障害受容」のあり方を理解することが必要です。多くの家族に共通していることは、専門家が子どもの障害を指摘する以前に家族はそのことに気づいていることでしょう。子どもの問題を否定する家族も、実際はこまっており、問題に気づいていることが多いのです。私たちはそのことを認識する必要があります。このことを理解せずに専門家が家族に障害受容を迫れば、家族の障害を否認する傾向を強めるばかりでしょう。

軽度発達障害はこれまでの障害と異なり、それぞれの障害の特徴とされる行動は通常の子どもにも認められるものが多く、そのために障害と認めることが難しいのです。しかし、それでも多くの親が子どもの障害を受け入れています。その背景には、LD・ADHD・高機能広汎性発達障害が共通にもつ三つの社会的な問題があるからでしょう。

それらは、家族が障害を認めない限り子どもの問題は子どもの性格や親の育児が原因とされること、二次的な問題の予防のためには早期に障害を認め専門家の協力を得る必要があること、社会の公的な援助を求めるにはまず障害として認定されなければならないことです。このような事情のために、あえて子どもに障害があると認める親の心情は複雑でしょう。親としてのジレンマと子どもの障害に対するアンビバレンツな（矛盾した）感情を抱き続けなければなりません。

どのような障害もスティグマ（社会から否定的にみられてしまう特性）に満ちています。その一因は健常者の生活を中心に効率よく出来あがっている社会が、その仕組みを維持しようとする性質から障害をもつ人々にとって暮らしやすい社会へと変わることを拒むからでしょう。障害が変化しないものとしたＷＨＯの国際疾病分類・ＩＣＩＤＨ（一九八〇年）が、障害を健康概念へと転換するＷＨＯの国際生活機能分類・ＩＣＦ（二〇〇一年）へと代わったのは、この仕組みの矛盾に社会がやっと気づきはじめたからだと思います。

障害観の転換とともに、教育においても「特別支援教育」という施策によって、これまでの障害教育の理念が変わろうとしています。このことは発達障害をもつ子どもにとっても家族にとっても、また子どもに直接に接する専門家にとっても朗報でしょう。しかし、福祉制度や教育の在り方が完全に変わるには、たくさんの年月を必要とします。その間に孤立する家族や援助が途絶える子どもがいます。そのとき、私たち第一線の専門家にできることは、家族支援の姿勢をたゆまず維持していくことでしょう。この本がそういう人々の役に立つことを心から願っています。

最後に、この本に登場した子どもたちやそのご家族また専門家の方々にお礼を申し上げたいと思います。また私の仕事をいつも理解してくれている家族に、また筆の遅い私をそれこそたゆまず支援してくださった松原忍さんをはじめとした大月書店のみなさんに感謝の辞を述べさせていただきたいと思います。ありがとうございます。

二〇〇六年四月　　中田洋二郎

●参考文献

（1）『療育とはなにか』（高松鶴吉、ぶどう社、一九九八）
（2）『自閉症スペクトル―親と専門家のためのガイドブック』（ローナ・ウィング、久保紘章他監訳、東京書籍、一九九八年）
（3）『高機能自閉症・アスペルガー症候群入門―正しい理解と対応のために』（内山登紀夫、水野薫、吉田友子、中央法規出版、二〇〇二年）
（4）『発達障害の豊かな世界』（杉山登志郎、日本評論社、二〇〇二年）
（5）『高機能自閉症・アスペルガー症候群―「その子らしさ」を生かす子育て』（吉田友子、中央法規、二〇〇三年）
（6）『ＡＤＨＤの明日に向かって―認めあい・支えあい・赦しあうネットワークをめざして』（田中康雄、星和書店、二〇〇一年）
（7）『障害児の問題行動―その成り立ちと指導方法』（高田博行、国立肥前療養所児童指導員室、二瓶社、二〇〇四年）
（8）『読んで学べるＡＤＨＤのペアレントトレーニング―むずかしい子にやさしい子育て』（シンシア・ウィッタム、中田洋二郎監訳、明石書店、二〇〇二年）
（9）『ＡＤ／ＨＤのペアレント・トレーニングガイドブック―家庭と医療機関・学校をつなぐ架け橋』（岩坂英己、中田洋二郎、井潤知美、じほう、二〇〇四年）
（10）『子どもの障害をどう受容するか―家族支援と援助者の役割』（中田洋二郎、大月書店、二〇〇二年）

著者略歴

中田洋二郎

（なかた・ようじろう）臨床心理士。1948年生。早稲田大学（心理学）修士課程修了。専門は、発達臨床心理学、発達障害児とその家族の支援。東京都民生局心身障害福祉部、国立精神保健研究所児童思春期精神保健部精神保健研究室長、福島大学大学院教育学研究科教授をへて、現在、立正大学心理学部教授。
主な著書『子どもの障害をどう受容するか』（大月書店）、『読んで学べるADHDのペアレントトレーニング』（監訳・明石書店）、『AD/HDのペアレント・トレーニング』（共著・じほう）、ほか。

◉企画協力——新日本医師協会東京支部

子育てと健康シリーズ㉖
軽度発達障害の理解と対応

2006年7月14日　第1刷発行
2013年5月28日　第5刷発行

定価はカバーに表示してあります

◉著者——中田洋二郎
◉発行者——中川　進
◉発行所——株式会社　大月書店
〒113-0033　東京都文京区本郷2-11-9
電話（代表）03-3813-4651
振替 00130-7-16387・FAX03-3813-4656
http://www.otsukishoten.co.jp/
◉印刷——有限会社祐光
◉製本——中永製本

ISBN 978-4-272-40326-4　C0337